KB092998

# 콘텐츠 크리에이터

### N잡러와 유튜버, 인플루언서, 1인기업가

## 창업 & 세금 신고 가이드

# 콘텐츠 크리에이터
### N잡러와 유튜버, 인플루언서, 1인기업가
## 창업 & 세금 신고 가이드

초판 1쇄 발행   2023년 6월 30일

지은이   잡빌더 로울, 텍스코디 최용규
발행인   곽철식

디자인   박영정
마케팅   박미애
펴낸곳   다온북스
인쇄   영신사

출판등록   2011년 8월 18일 제311-2011-44호
주소   서울시 마포구 토정로 222, 한국출판콘텐츠센터 313호
전화   02-332-4972   팩스   02-332-4872
전자우편   daonb@naver.com

ISBN  979-11-93035-08-5 (13320)

콘텐츠 하나로 돈을 버는 방법부터 세금 신고, 그리고 절세법까지

# 콘텐츠·크리에이터

N잡러와 유튜버, 인플루언서, 1인기업가

# 창업 & 세금 신고 가이드

잡빌더 로울, 택스코디 최용규 지음

다온북스
DAON BOOKS

시대가 변하면서 새롭게 생겨 난 직업, 신규 사업군에 대한 세금 신고, 법이 정해지기 전까지는 세금으로부터 자유로우니 그 전에 소득을 많이 챙긴 사람은 이득인 셈입니다. 가상화폐가 그랬던 것처럼 말이죠.

콘텐츠 크리에이터라는 범주로 묶을 수 있는 유튜버, 파워블로거, 인플루언서 등 다양한 플랫폼에서 활동하는 사람들 역시 과거에는 직업으로 인정받지 못했지만, 지금은 아이들의 장래 희망 중 높은 순위를 차지하고 있을 정도로 인기 있는 직업군으로 바뀌었습니다. 어린아이뿐만 아니라 직장인, 그리고 은퇴자까지 콘텐츠 크리에이터에 대해 막연한 꿈이 있는 것 같습니다. 기회가 되면 해보고 싶은 업종 중 하나라고 말합니다. 그렇다면 이런 콘텐츠 크리에이터는 어떻게 만들어지고, 콘텐츠로 어떻게 돈을 벌고, 또 소득이 발생하면 세금 신고는 어떻게 해야 할까요? 이 질문에 누구보다 답을 잘 할 수 있어서, 본 책을 집필했습니다.

돈을 벌 수 있는 차별화된, 즉 '팔리는 콘텐츠'를 만들어 본격적으로 콘텐츠 크리에이터로 활동하려고 시작하는 사람들이 가장 먼저 고민하는 것이 '사업자등록 해야 할지, 말아야 할지' 입니다. 결론부터 말하자면 우리나라에서는 반복적인 소득 활동을 한다면 사업자등록을 하도록 하고 있습니다. 당근마켓 같은 중고거래 사이트에서 한두 번 거래 하는 건 상관없지만, 계속해서 반복적으로 거래를 하면 달라집니다. 유튜버로 활동하면서 꾸준히 영상을 창작해 내고 그로부터 돈을 벌 생각이라면 사업자등록을 해야 합니다.

참고로 블로그나 자신의 유튜브 채널에 구글 애드센스를 노출하는 사람들도 있는데, 구글 애드센스만 하더라도 사업자등록 번호를 게재한 사람은 10% 세율이 적용되고, 미입력된 사람에게는 30% 세율을 적용해서 원천징수한 뒤 나머지 금액을 송금해 줍니다. 이럴 때도 사업자등록을 하는 게 좋습니다.


1인 방송 플랫폼들이 점점 다양하게 등장하면서, 누구나 쉽게 개인방송을 시작할 수 있게 되었습니다. 거창한 장비 없이 핸드폰 하나만으로도 방송을 진행할 수 있게 된 것입니다. 문제는 콘텐츠입니다. 좀 더 구체적으로 말하면 '팔리는 콘텐츠'입니다. 그렇다면 팔리는 콘텐츠는 어떻게 제작해야 할까요?

이 책을 계기로 생각하고 기록한 것을 팔리는 콘텐츠로 만들어 다른 사람에게 나누는 재미를 조금이라도 느끼는 독자가 나오길

바랍니다. 그래서 제가 '택스코디'로써 또 다른 나를 찾았던 것처럼 다른 누군가도 그럴 수 있다면, 이 책은 '나름의 가치를 충분히 다 한 것이다'라는 생각입니다.

콘텐츠 크리에이터로 살아온 지 5년 차입니다. 제 생각을 콘텐츠로 만드는 일은 여전히 재미있습니다. 나만의 해석으로 만든 가치를 다른 사람에게 선보이는 일이 짜릿하기까지 합니다. 단순한 기록이 고민하는 과정에 기획을 더해 콘텐츠로 만들어지는 과정이 흥미롭습니다.

이제 당신 차례입니다. 당신만의 생각을 만들고, 그것을 잘 기록하고, 그 기록에 독창성을 더해 콘텐츠로 만들어봅시다. 지금 당장 블로그를 만들어서 시작해도 좋고, 인스타그램 부계정을 만들어서 시작해 봐도 좋습니다. 시작했다면 그것만으로도 중요한 첫걸음을 한 것이며, 기록이 쌓여 당신에게 새로운 정체성이 부여될 것입니다.

책은 필연적으로 정제된 콘텐츠일 수밖에 없습니다. 책 한 권이 나오기까지 수많은 사람의 고민과 노력이 들어갑니다. 편집자는 책을 구성하고, 디자이너는 책을 디자인하고, 마케터는 책을 세일즈하고, 제작자는 책의 완성도를 고민하느라 적지 않은 시간 동안 고생합니다.

　가치 있는 책, 독자가 원하는 책, 독자에게 도움이 되는 책, 제값 하는 책, 내놓아도 부끄럽지 않은 책, 오랫동안 사랑받는 책을 만들기 위해 치열한 고민과 진통을 겪습니다. 이 책 또한 그렇습니다.

　감사하게도 지금까지 제법 많은 책을 세상에 내놓았습니다. 다작을 할 수 있었던 가장 큰 이유는 기록을 콘텐츠화 할 수 있었기 때문입니다. 모든 기록은 콘텐츠로 바뀔 수 있습니다. 이제 당신이 기록할 차례입니다.

2023년 6월

# 차례

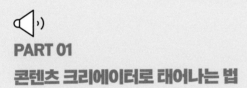

## PART 01
## 콘텐츠 크리에이터로 태어나는 법

# PART 02

# 콘텐츠 크리에이터 사업자등록과 세금신고

# PART 03
# 콘텐츠 크리에이터 절세법

## 프리랜서 절세법

## 권말부록

# PART 01

## 콘텐츠 크리에이터로
## 태어나는 법

# 일단
# 시작하자

# 콘텐츠 크리에이터를
# 시작한 이유는?

먼저 '잡빌더'를 간단히 소개하자면, '지금까지 세상에 없었던, 새로운 업(業)을 만드는 일'을 하는 사람입니다. '택스코디', '북스빌더'라고 불리는 콘텐츠 크리에이터를 기획했고, '누구나 유니크 워커(unique walker)가 될 수 있다'라고 외칩니다.

Q – 왜 콘텐츠 크리에이터를 선택했나요?

잡빌더 – 결론부터 말하자면 그만한 가치가 있기 때문입니다. 하지 않아도 될 수만 가지 이유가 있지만, 해야 하는 이유 딱 한 가지, 그리고 그것이 진짜 내가 원하는 일일 때 그 한 가지가 수만 가지를 이기는 법이죠.

제가 이 업의 형태를 선택한 가장 큰 이유는 자유로운 삶을 원했기 때문입니다. 여기서 말하는 자유는 바로 '선택에 대한 자유'입니다. 수없이 많은 고충이 있지만, 내가 좋아하는 일을 선택하고, 원하는 장소를 선택하고, 편한 시간을 선택하고, 또 함께 일할 사람들을 내가 선택할 수 있다는 자유, 이 자유에 대한 가치가 그 모든 단점을 상쇄시킨 것입니다.

저는 정말 다양한 일을 합니다. 콘텐츠를 제작하는 기획자, 글을 쓰는 작가, 강의하는 강사 등 소위 말하는 콘텐츠 크리에이터입니다. 좋아하는 일들을 하나씩 하다 보니 나도 몰랐던 다양한 모습이 나타났고, 시간이 지날수록 뚜렷하게 만들어진 형태는 점점 가치가 높아지고 있습니다.

콘텐츠 크리에이터의 삶은 조직의 삶과는 뚜렷한 차이가 있습니다. 조직과 직책에 상관없이 내가 하고 싶은 일들을 마음껏 할 수 있고, 내가 낸 아이디어가 하나의 콘텐츠로 만들어지는 속도도 조직에 있을 때보다 비교할 수 없을 정도로 빨라 일을 하는 데 매우 효과적입니다. 가장 효율적인 방식으로 일을 할 수 있는 형태는 콘텐츠 크리에이터가 가진 특혜입니다. 하기 싫어하는 일을 억지로 할 필요가 없으며 내가 잘하는 영역에 집중해 스스로 장점을 살리며 커리어를 쌓을 수 있다는 게 너무 매력적이죠.

매일 수많은 콘텐츠가 쏟아집니다. 하지만 모든 콘텐츠가 뜨진 못하는 게 현실입니다. 콘텐츠 하나에는 많은 사람의 노력이 들어가 있습니다. 이 책만 해도 그렇습니다. 글을 쓰는 사람이 있고, 이 글의 첫 번째 독자인 편집자가 있습니다. 책 홍보를 위한 마케팅팀이 있고, 제때 서점에 전달하기 위한 제작팀이 있습니다. 내 책을 매대에 올려주는 서점 직원이 있고, 책을 읽고 리뷰를 해주는 MD도 있습니다. 이처럼 여러 사람이 뭉쳐서 하나의 콘텐츠를 만들고 독자의 손에 닿게 됩니다.

모두가 좋은 결과를 기대하고 콘텐츠를 만들지만 뜨는 콘텐츠보다 사라지는 콘텐츠가 더 많은 요즘, 우리에게 필요한 것은 '대중적 감각'입니다.

대중이 무엇을 좋아하는지를 빨리 알아채고 대중과 항상 맞닿아 있는 감각이 필요합니다. 평소 인풋이 중요한 이유가 여기에 있습니다. 대중이 선택하는 콘텐츠는 반강제적으로 볼 필요가 있습니다. 그런 콘텐츠의 성공 원인을 나름대로 분석해보고, 내 것으로 만들 수 있는 건 내 것으로 만들어야 합니다. 결국은 떠야 콘텐츠가 될 수 있고, 떠야 나를 찾는 사람이 꾸준히 생깁니다.

지금은 모두가 크리에이터가 될 수 있는 최적의 시대입니다. 기존 매체의 레거시는 약해지고 있고, 디지털을 통해 공평하게 나를 내세울 수 있는 시대입니다.

누구나 콘텐츠 크리에이터가 될 수 있습니다. 누가 먼저 자신의 기록을 기획력을 갖춘 콘텐츠로, 빠르게 대중적 감각을 담아 선보이냐의 차이일 뿐입니다.

# 콘텐츠 크리에이터
# 트렌드다

    MZ (밀레니얼 + Z) 세대를 중심으로 'N잡러' 열풍은 계속되고 있습니다. 생계유지를 위해 직장을 다니는 등 본업 외에도, 부업을 병행해 부수입을 얻고자 여러 개의 직업을 가진 사람을 'N잡러'라고 합니다. 최근 젊은 직장인들을 중심으로 '평생직장'이라는 개념이 사라지면서, 취업했더라도 자신이 가지고 있는 목표를 이루기 위해 퇴근 후 시간이나 주말 등을 이용해 부업에 과감히 시간 투자를 하는 것으로 풀이됩니다.

    직장을 다니며 할 수 있는 부업의 종류는 다양합니다. 대부분 'N잡러'들은 유튜브, 인스타그램, 블로그 등에서 '사회관계망서비스(SNS)'에서 가장 많이 활동하고 있습니다. 수익형 블로그(구글 애드센스 · 홈페이지에 광고를 게재하고 수익을 분배받는 것), 유튜브 운영 등, 개개인이 가진 취미나 재능을 이용한 콘텐츠로 성공한 이들도 눈에 띕니다.

　대한민국 성인남녀 절반 이상이 '세컨드 잡'을 꿈꾸는 시대입니다. 많은 이들이 '콘텐츠 크리에이터'를 희망하며 자기 계발에 열중하고 새로운 미래를 꿈꿉니다. 이럴 때 먼저 도전에 나선 이들의 경험담은 좋은 정보가 되곤 합니다.

　트렌드는 흐름입니다. 흐름은 이미 정해진 방향대로 흘러간다는 것을 말합니다. 짧은 기간 동안 일시적으로 나타나는 유행이 아니라 거스를 수 없는 방향으로 흘러가는 것이 바로 트렌드입니다. 어느 날 갑자기 하늘에서 툭 떨어진 것이 아니라 수많은 점, 선, 면들이 교차해서 만들어진 하나의 길이며, 그 길은 시간이 지날수록 점점 더 커지게 됩니다.

　1인 전성시대입니다. 혼밥, 혼족, 혼공, 혼술이 등장하더니 어느 순간 1인 가정이 대세가 되었고, 그 흐름이 모여 1인 미디어, 1인 셀러, 1인 마켓, 1인 크리에이터, 1인 출판, 1인 기업의 다양한 사회분야에 영향을 미치기 시작했습니다. 그리고 이 흐름은 점점 더 거세질 것입니다. 1인 미디어의 등장과 디지털의 발달, 그리고 혼자가 좋다는 시대적인 분위기까지 더해져 이제는 업의 형태까지 영향을 미치는 하나의 흐름이 만들어지게 되었습니다.

앞으로는 조직이나 직함을 나타내는 '직(職)'보다, 일을 통해 축적된 본연의 힘을 나타내는 '업(業)'이 더욱더 중요한 시대가 올 것입니다. 그리고 이런 '업의 시대'에 중요한 것은 독창적인 관점과 경험을 바탕으로 본인만의 콘텐츠를 만들어내는 일입니다.

'직업'이 사라지고 있는 시대, 우리 사회에 등장하고 있는 콘텐츠 크리에이터 역시 새로운 트렌드입니다. N잡러, 프리랜서, 잦은 이직은 이제 낯설지 않은 이 시대 젊은이들의 모습입니다. 다양한 직업군의 인디펜던트 워커들은 그러한 자신들의 선택이 바로 부모님의 삶으로부터 비롯되었다고 입을 모읍니다. 평생직장을 여전히 소망하는 부모님들과 달리, 그들은 자라면서 부모님들의 IMF를 겪으며 평생직장으로부터 버림받는 것을 지켜보았습니다. 그래서 그 어떤 조직도 나를 책임져주지 않는다는 현실을 받아들이고, 자신을 의탁하는 평생직장 대신, 자기 스스로 콘텐츠를 만들어내고 자신을 표현해내는 콘텐츠 크리에이터로서의 삶을 선택한다는 것입니다.

우리나라만이 아닙니다. 전 세계적으로 2008년 금융 위기가 기점이 되었습니다. 기업이 망하고 거기서 나온 인력들, 그리고 그 즈음에 활발하게 대두된 스타트업이 요구하는 파트타임 인력들이 프리랜서라는 직업군의 서막이 되었다는 것입니다. 이러한 프리랜서들의 증가를 코로나가 가속 시켰습니다. 이런 지식과 사회 구조의 변화 과정에서 소속된 '직'이 의미를 상실하고 '업'을 중요시하는 세상이 대두한 것입니다.

콘텐츠 크리에이터 창업 & 세금 신고 가이드북

# 문제는 실행이다

돈과 시간에서 자유롭기 위해서는 먼저 돈을 버는 것에 대한 인식을 바꿔야 합니다. 내가 일하지 않아도 통장에 돈이 들어오고, 잠을 자든 깨어있든 돈을 버는 시스템을 만드는 것은 상상 속의 일이 아닙니다.

태어나자마자 무언가를 만들어 낼 수 있는 사람은 없습니다. 이제 시작하면서 무언가를 만들어 낼 사람도 없습니다. 다들 하나씩 배우면서 성장해나가며, 시스템을 구축합니다. 결론부터 말하자면 돈이라는 것은 기하급수적으로 버는 것입니다.

많은 직장인이 저금하고, 적금을 들며 주식투자를 하고, 부동산을 연구하며 재테크에 열을 올립니다. 그런 것들이 미래의 나와 가족을 지켜 줄 것이라고, 언젠가는 지금의 노력이 경제적인 풍요를 가져다줄 것이라고 희망합니다. 하지만 위기 상황에서 나와 가족을 지켜주는 것은 돈이 아니라 나의 능력과 지식입니다. 돈은 없어질 수 있지만, 지금까지 쌓아온 능력과 지식은 늘 가지고 있는 자산이기 때문입니다.

앞으로 10년 후 그때까지 앞으로 살아갈 충분한 돈을 모을 수 있을까요? 100세 시대인 지금, 은퇴 후 최소 30년은, 가장 활발하게 경제 활동을 하고 있는 약 10년간 모아둔 돈으로 생활해야 합니다. 그런데 과연 이런 것이 가능할까요?

만약 그동안 모은 종잣돈으로 재테크에 크게 성공할 수 있다고 믿는다면, 은퇴 후 재취업을 위해 고군분투하는 이들은 왜 그런 것일까요? 재테크로 100% 성공할 수 있는 자신이 있다면 차라리 전업 투자가를 하는 것이 낫습니다.

'도전하겠다는 의지'와 '포기하지 않겠다는 열정'으로 기록을 쌓으면, 돈과 시간으로부터의 자유는 얼마든지 가능합니다.

이 책을 구매한 것만으로도 일단 성공입니다. 문제는 실행입니다. 너무 오랫동안 고민하지 말고, 빠르게 실행해서 일단 결과물을 만들어야 합니다. 성공하면 좋은 일이고, 실패하더라도 해보지 않고서는 알 수 없는 개선점을 찾을 수 있습니다.

콘텐츠 크리에이터 창업 & 세금 신고 가이드북

관건은 실행입니다. 기획된 콘텐츠가 결과물로 나와야 비로소 좋고 나쁨을 평가할 수 있습니다. 그리고 결과물을 얻기 위해서는 일단 실행해야 합니다. 블로그 정체성을 만들어야 하는 활동 초반에, 매일 한 번은 꼭 게시글을 쓰자 다짐했던 것도 그런 이유였습니다. 잘 썼든 못 썼든 일단은 세상에 내놓아야 평가받을 수 있었기 때문입니다.

물론 고민의 시간이 길면 길수록 콘텐츠의 깊이를 더해 좋은 결과물을 만들어낼 수도 있을 것입니다. 하지만 저는 오히려 오래 묵혀두면서 고민을 한 기획은 특유의 무게감 때문인지 지나치게 팔에 힘이 들어가거나, 만들다가 제풀에 지쳐 힘없는 콘텐츠가 되었습니다. 오히려 '해볼까?'라고 문득 든 생각을 바로 실행하자 혼자만의 고민에 쓸 시간과 에너지를 콘텐츠의 소비자 피드백에 집중해 오히려 좋은 콘텐츠로 만들어지는 경험을 제법 합니다.

소설가 김영하 씨는 〈대화의 희열〉이라는 프로그램에 나와 소설가의 기본이 무엇인지 묻는 말에 "원고 마감요"라고 답을 했습니다. 그는 교수 시절에도 소설가를 꿈꾸는 학생들에게 소설가의 필수 덕목은 '원고 마감을 지키는 것'이라고 말했다고 합니다. 이 말은 결국, 출판사와 합의한 때에 맞춰 결과물을 내는 것이 창작의 기본이라는 말입니다.

콘텐츠로 만들기 위해서는, 어떻게든 결과물을 내야 합니다. 기획을 잘 하는 사람보다 실행을 잘 하는 사람이 더 주목받을 확률이 높은 것도 그런 이유입니다.

어떻게든 실행을 해봅시다. 시작부터 거창할 이유는 없습니다. 지금 당장 블로그에 단 한 줄만 쓴다면 그것만으로도 이미 시작인 셈입니다.

# 판 호이엔,
# 그에게서 배우다

1636년 성공 가도를 걷던 호이엔은 어느 날 이상한 말을 듣습니다. 얼마 전 동방에서 들어온 튤립이라는 꽃이 있는데, 이 꽃을 사면 누구든지 큰돈을 벌 수 있다는 겁니다. "무슨 말 같지도 않은 소리야? 튤립에 무슨 가치가 있다고…." 피식 비웃고 넘어갔지만, 시간이 지날수록 분위기가 심상치 않게 돌아갑니다. 누구는 튤립 거래로 떼돈을 벌어 은퇴했다고 하고, 옆 동네 다른 누구는 튤립을 판 돈으로 집을 몇 채나 샀다는 소문이 들립니다. 수습생 녀석들도 튤립 얘기뿐. "지금 안 사면 바보"라나요. 그는 시쳇말로 '벼락 거지'가 된 기분이었습니다.

그러고 보니 어느새 화가로 살아온 지 20년, 온종일 캔버스와 씨름하는 단조로운 생활. 큰 불만은 없었지만, 좀 더 여유 있게 살아보고 싶었습니다. 해가 바뀐 1637년 1월 27일. 그는 큰맘 먹고 지인에게 튤립 뿌리 9개를 수천만 원에 샀습니다. 처음엔 불안했지만, 다음 날 아침부터 꾸준히 오르기 시작하는 가격에 절로 웃음이 나왔습니다. 그는 일주일 뒤인 2월 4일 1억 원어치 튤립 뿌리를 '추가 매수' 합니다.

하지만 안타깝게도 전날인 2월 3일, 튤립 거래의 중심지였던 하를렘에서는 이미 시세 폭락이 시작되고 있었습니다. 그야말로 상투를 잡은 겁니다. 값비싼 투자 상품이었던 튤립은 한순간에 그저 흙 묻은 풀때기로 변해버렸습니다. 이게 바로 인류 역사상 최초의 거품 경제 현상인 '튤립 파동'입니다.

당시 네덜란드는 유럽의 모든 돈이 몰리는 나라였습니다. 돈이 많아지니 사람들은 이 돈을 넣을 투자처를 애타게 찾아 헤맸습니다. 이들의 눈에 들어온 게 얼마 전 동방에서 들어온 '신비의 꽃' 튤립이었습니다. 사람들은 튤립 모양에 이름을 붙이고 등급을 매기며 신나게 사고팔기를 반복했고, 튤립 값은 불과 몇 달 만에 10배, 100배로 뛰었습니다. 시세 폭등에 이끌린 사람들이 더 들어오면서 가격은 계속 뜁니다. 하지만 사람들은 어느 날 깨달았습니다. "그저 꽃일 뿐인데 왜 이 돈을 주고 사야지?" 그리고 이어진 폭락. 어디서 많이 들어 본 이야기 같습니다.

콘텐츠 크리에이터 창업 & 세금 신고 가이드북

사실 아직은 상황이 괜찮았습니다. 비록 큰 손해를 보긴 했지만, 그는 여전히 안정적으로 고수익을 올리는 훌륭한 화가였습니다. 하지만 튤립 파동 이후 변해버렸습니다. 튤립 가격이 오를 때의 그 짜릿함과 행복감에 중독돼 버린 거죠. 이제 그는 본격적으로 부동산 투기를 시작합니다. 그리고 또다시 큰 손해를 봅니다. 이후 그의 행보를 세 가지 포인트로 정리해 봤습니다.

### 1. 자기 자신에게 투자하라.

튤립 투자 실패와 부동산 투자 실패로 1640년대부터 본격적으로 쪼들리기 시작한 호이엔. 그의 저력이 발휘됩니다. 그는 정말로 미친 듯이 그림을 그리기 시작했습니다. 1652년 그는 거의 하루에 한 점꼴로 그림을 그리고 팔아서 3억 원 넘는 연수익을 거뒀습니다.

결과적으로 호이엔의 삶을 통틀어 가장 성공적이었던 투자는 '자신에 대한 투자'였습니다. 이는 "역사상 최고의 투자는 자기계발"이라는 워런 버핏 벅셔해서웨이 회장의 말과도 같은 맥락입니다. 그는 이렇게 말했습니다.

"자기 일에 대한 숙련도야말로 인플레이션을 방어할 수 있는 최고의 수단이다. 숙련도에는 세금도 매기지 않는다. 당신이 정말

실력 있는 사람이라면 화폐 가치가 어떻게 되건 경제의 일정 부분을 가져갈 것이다."

## 2. 끊임없이 변화하라.

호이엔의 방식에는 치명적인 약점이 있었습니다. 다른 화가들의 모방에 약하다는 겁니다. 그가 아무리 그림을 잘 그린다 해도, '장인 유형'의 화가들이 몇 년을 바쳐 그린 작품만큼 완성도가 높기는 어려웠습니다. 그러다 보니 시간이 흐르면서 호이엔의 화풍을 베끼는 사람들이 늘었고, 이들은 비슷한 그림을 더 싼 값에 내놨습니다.

그래서 그는 자신의 화풍을 끊임없이 바꿨습니다. 시골 마을을 그리다가 경쟁자가 늘어나면 강과 바다를 그렸고, 또 비슷한 작품이 시장에 늘어나면 호숫가 마을 풍경을 담았습니다. 마치 글로벌 1등 기업이 후발 주자를 따돌리듯 새로운 주제와 기법을 발굴해 냈습니다. '투자 중독'이긴 했지만, 그는 정말로 그림 그리는 일을 좋아했던 것으로 보입니다. '돈 벌려고 그린다'라는 마인드로는 도달하기 어려운 경지니까요.

## 3. 잘 하는 걸 하자.

확실히 호이엔은 그림에서 만큼은 천재적인 수완을 발휘했습니다. 하지만 그는 투자에 대해서는 잘 몰랐습니다. 그가 세상을 떠나던 1656년, 그의 빚은 18억 원에 달했습니다. 다행히도 이 빚은 그가 남긴 재산으로 다 갚을 수 있었습니다. 그가 사들인 집 6채는 총 15억6700만 원에 팔렸고, 남긴 그림들과 물건이 2억4150만 원에 팔렸습니다.

호이엔이 평생 남긴 그림은 확실히 기록된 것만 해도 1,200점. 실제 그린 그림은 더 많을 겁니다. 이렇게 열심히 그린 덕분에 이자를 내고 '적자 인생'을 면할 수는 있었습니다. 하지만 호이엔의 그림은 그가 죽은 뒤 금세 유행에 뒤처진 작품이 됐고, 사람들의 기억에서 사라졌습니다. 시장에 그림이 너무 많이 풀린 탓에 사람들이 그의 그림을 하찮게 여기기 시작했기 때문입니다. 호이엔이 재평가된 건, 작품 하나하나의 완성도보다 독창성과 개성을 중시하는 20세기에 들어선 뒤였습니다.


호이엔의 그림은 두말할 것 없이 훌륭합니다. 죽은 뒤지만 어쨌거나 빚도 다 갚았고, 열심히 살아서 자식들도 나름대로 잘 키웠습니다. 하지만 그의 그림과 인생을 살피다 보면, '더 잘 될 수 있는 사람이었는데 아쉽다'는 생각이 자꾸만 듭니다. 그렇게 재능도 뛰어나고 성실했는데, 튤립 파동 때 정신을 차리고 다시 그림에만 집중했더라면…. 그랬다면 우리는 지금 렘브란트보다 호이엔을 더 높이 평가하고 있었을지도 모릅니다.

# 브랜딩
# 어떻게
# 구축하나

# 자기 분석이 먼저다

Q - 자, 무엇부터 시작하면 되나요?

잡빌더 – 콘텐츠 크리에이터가 되고 싶다면 가장 먼저 업의 시스템부터 구축해야 합니다. 주먹구구식으로 일을 하는 게 아니라 가장 효과적이고 효율적인 시스템을 만들어야 좀 더 빨리 성공할 수 있습니다. 기본적으로 다음의 세 가지 시스템을 자신의 것으로 만들어야 합니다.

**1. 자기 분석**

**2. 독창적인 콘텐츠 구축**

**3. 사업 모델로 확장**

업의 시스템이란 자기 분석과 독창적인 콘텐츠, 이 두 가지 기둥을 탄탄하게 세워 사업 모델로 확장하는 것을 말합니다.

콘텐츠 크리에이터는 본인이 좋아하고 잘 하는 것을 비즈니스로 만들어 나이에 상관없이 계속해서 일할 수 있는 업의 형태입니다. 1~2년 하고 말 것이 아니라 평생 해야 하는 일이므로 자기 분석이 기본적인 전제가 되어야 합니다. 그래야 본인만의 독창적인 콘텐츠를 만들 수 있기 때문입니다. 그리고 여기에 브랜딩이 되면 사업 모델로 확장되는 것은 시간문제입니다.

### Q - 콘텐츠 크리에이터를 하는데 자기 분석이 왜 중요한가요?

잡빌더 - 자기 분석이 선행되지 않으면 그 어떤 콘텐츠를 만들어도 지속할 수 없기 때문입니다. 콘텐츠 크리에이터에게 있어서 가장 중요한 부분 중 하나는 바로 이 지속가능성입니다.

본인이 좋아하는 일, 잘하는 일을 찾으려면 근본적으로 '나'에 대해 고민해야 합니다. 내가 누구이며, 왜 사는지, 어떠한 삶의 가치를 가지고 살아가야 하는지에 대해 근본적인 고민을 해봐야 합니다. 그게 바로 자기 분석입니다.

〈그대 스스로를 고용하라〉라는 책을 쓴 구본형 작가는 직업의 가치를 결정하는 데에는 두 가지 조건이 있는데, 첫 번째 조건은 '얼마나 그 일을 좋아 하는가'이고, 두 번째 조건은 '얼마나 벌 수 있는가'입니다. 자발적인 동기와 충분한 보상에 따라 직업을 4등급으로 나눠볼 수 있다고 합니다. 1등급은 본인이 좋아하는 일을 하면서 돈도 많이 벌 수 있는 등급입니다. 거의 모든 사람이 1등급이 되기를 원합니다. 2등급은 좋아하는 일을 하지만, 돈은 많이 벌지 못하는 등급입니다. 3등급은 돈은 많이 벌지만 내가 원하지 않는 일을 하는 경우이고, 4등급은 내가 좋아하는 일도 아니면서 돈도 많이 벌지 못하는 최악의 등급입니다. 대부분 사람이 이 4등급에 속해있습니다.

1, 2등급은 좋아하는 일을 전제로 돈을 많이 버는 기준으로 나뉘지만, 3, 4등급은 좋아하지 않는 일을 전제로 합니다. 다시 말하면 3등급이든 4등급이든 절대로 1, 2등급으로 올라갈 수 없다는 것을 의미합니다. 따라서 내가 좋아하는 일은 아니지만 일단 돈부터 벌자는 생각으로 콘텐츠 크리에이터를 시작한다면 평생 3등급에서 벗어날 수 없습니다. 따라서 우리는 2등급부터 시작해야 합니다. 지금 당장 많은 수익이 발생하는 일은 아니지만, 좋아하는 일부터 시작하면 수익이 발생하는 지점으로 연결할 수 있습니다.

Q – 좋아하는 일로 시작해 돈도 많이 벌 수 있다는 거군요. 그럼 자기 분석을 통해서 좋아하는 일을 찾은 뒤, 어떻게 해야 하나요?

잡빌더 – 시간을 투자해야 합니다. 이 시기는 다음과 같이 3단계로 구분됩니다.

- 1단계 (시간 > 돈): 많은 시간을 일하는 데 사용하지만, 수익이 그만큼 따라오지 못하는 단계
- 2단계 (시간 = 돈): 내가 하는 만큼 버는 단계
- 3단계 (시간 < 돈): 적게 일하고 많이 버는 단계

3단계는 바로 위에서 설명한 1등급과 맞물립니다.

# 콘텐츠 크리에이터에게 브랜딩이란?

국어사전을 찾아보면 '생계를 유지하기 위해 자신의 적성과 능력에 따라 일정한 기간에 계속하여 종사하는 일'을 '직업'이라고 합니다. 하지만 요즘 제가 생각하는 직업은 조금 더 넓은 의미로, '자신이 하는 일에 대한 정의 혹은 정체성' 같은 개념이 아닐까 싶습니다.

예전에 어떤 방송에서 누군가가 본인을 인스타그래머라고 소개하는 걸 보고 쿨하다고 느낀 적이 있습니다. 몇 년 전만 해도 블로거나 유튜버를 직업이라고 진지하게 받아들이는 분위기가 아니었습니다. 대부분 그런 건 직업이 아니라고 생각했습니다. 하지만 요즘에는 인스타그래머나 유튜버, 블로거 등을 직업으로 떳떳이 밝히는 사람들이 늘어나고 있습니다.

물론 사람들의 인식이 완전히 달라지지는 않았을 것입니다. 몇몇 디자이너들은 아이패드로 그린 그림을 작품이라 인정하지 않고, 일부 사진작가들은 아이폰으로 찍은 사진은 진정한 사진이 아니라고 말합니다. 아이패드와 아이폰이 전통적인 도구가 아니어서일까요?

저는 자신만의 기술을 지켜가는 것도 중요하지만 새로운 도구와 장비, 기술을 적극적으로 받아들이는 사람이 훨씬 더 멋지다고 생각합니다. 새로운 무기는 내가 가진 내용물을 더욱 세련되게 바꿔줄 것입니다. 내가 전하고자 하는 메세지를 한층 차별화된 방식으로 구현해줄 것입니다.

유튜브, 인스타그램과 같은 미디어로 자신을 설명하는 사람들처럼 머잖아 자신을 '아이패드 작가', '아이폰 사진가'라고 소개하는 시대가 올 거라 믿습니다.


브랜딩이란 기업이 지향하는 철학을 브랜드에 심어 계속해서 고객에게 인식시키는 과정을 말합니다. 지속해서 고객들에게 브랜드 콘셉트와 가치를 노출하면 무의식적으로 각인 되고, 자연스레 브랜드 파워가 생깁니다. 단순 마케팅보다 훨씬 효과가 커서 기업 가치를 높이므로, 천문학적인 비용과 시간을 투자해서 기업 이미지와 브랜드를 만들어가려고 노력합니다.

콘텐츠 크리에이터에게 퍼스널 브랜딩이란 나의 콘텐츠를 수면 위로 떠올리는 과정입니다. 내가 생각하는 나의 가치와 독자들이 생각하는 나의 가치가 일치하도록 만들어가는 과정이 바로 브랜딩입니다.

지금은 증명의 시대입니다. 오랜 시간 쌓아온 나만의 콘텐츠가 있더라도 그것이 외부로 드러나지 않으면 아무 의미가 없는 시대입니다.

경력이 오래되지 않았어도 블로그 같은 SNS를 통해 브랜딩이 구축된 사람이면 수월하게 나를 세상에 알릴 수 있습니다.


좋은 콘텐츠를 가진 사람들은 정말 많습니다. 그러나 그들 중 일부만 성공하는 이유는 바로 브랜딩의 차이 때문입니다. 지금 시대에 정말 중요한 것은 '나를 어떻게 세상에 알리는가'입니다.

고객들 스스로 나를 찾아오게 만드는 것, 바로 브랜딩의 힘입니다. 이런 브랜딩은 하루아침에 만들 수 없습니다. 그래서 가치가 있습니다. 꾸준하게 시간을 투자해서 나만의 콘텐츠를 만들어가고 고객에게 그것을 인식시켜가는 과정 자체가 브랜딩이기에 가치와 의미가 있는 것입니다.

특히 콘텐츠를 기반으로 하는 크리에이터는 초반부터 브랜딩에 집중해야 합니다. 브랜딩의 차이는 곧 수익의 차이로 귀결되고,

이는 다시 전문성의 차이로 연결되기 때문입니다.

브랜딩이 되지 않은 콘텐츠 크리에이터는 상대적으로 수익이 적을 수밖에 없습니다. 같은 시간 일을 해도 적은 수익을 가져갈 수밖에 없는 구조이므로 당연히 브랜딩이 완성된 크리에이터보다 수익이 적을 수밖에 없고, 이는 다시 메인 콘텐츠에 투자할 비용이 적다는 것으로 연결됩니다. 그리고 이는 곧 성장 속도가 더디다는 것을 의미하고, 성장 속도가 더디다는 것은 전문성이 강화되는 속도가 느리다는 것을 말합니다. 성장 속도가 더디다는 것은 지식 콘텐츠 시장에서 내 몸값이 낮아진다는 것을 의미합니다.

반면 브랜딩이 구축되면 어떤 시장에 있어도 경쟁력이 생깁니다. 남들은 이미 정해진 기준에 따라 일을 하고, 남들이 정해 놓은 기준에 맞는 대가를 받지만, 브랜딩이 구축된 사람은 본인의 몸값을 본인이 책정할 수 있습니다. 같은 시장이라 해도 트랙 자체가 다릅니다. 나만의 하이패스가 생기는 것, 그게 브랜딩의 힘입니다. 콘텐츠 크리에이터에게 퍼스널 브랜딩은 선택이 아니라 필수입니다.

# 닉네임 정할 때, 이것만 기억하자

어떤 콘텐츠를 담을지 정했다면, 이제 이름(닉네임)을 만들어야 합니다. 이름을 정하는 것은 늘 어렵습니다. 촌스럽지 않아야 하고, 오래 봐도 질리지 않아야 하며, 부르기 쉬워야 하고, 한 번 들으면 기억에 남아야 하고, 내가 담고자 하는 것이 자연스럽게 연상되어야 합니다. 그래서 저는 무엇을 담을지 보다 어떤 닉네임을 사용할지 정하는 데에 시간을 더 많이 씁니다. 이름이 모든 것을 간결하게 설명하기 때문입니다.

Q – 닉네임을 정하는 노하우가 있나요?

잡빌더 – 닉네임을 정할 때, 몇 가지 원칙이 있습니다. 다음과 같습니다.

먼저 유행에 덜 민감한 이름, 블로그를 일시적인 공간이 아닌, 평생 함께하는 공간으로 만들고 싶었습니다. 수십 년 뒤 제 나이가 여든이 되어도 촌스럽지 않은 이름을 원했죠. '유행의 단어'보다는 '평생의 단어'가 좋습니다.

다음으로는 이름에 의미를 담아야 합니다. 이름만 되새겨도, 무엇을 하는지에 대해 상기할 수 있어야 합니다. 이 모든 고민을 반영해서 만든 닉네임이 다음 장에서 등장하게 될, 바로 '택스코디' 입니다.

자신의 콘텐츠를 잘 보여줄 수 있는 닉네임을 짓는 것은 매우 중요합니다. '택스코디(TAXCODI)'는 'TAX'와 'COORDINATOR'의 합성어입니다. 세무라는 단어가 주는 무게감이 있기에, 비교적 가벼운 느낌의 단어인 코디네이터를 합성해 '택스코디'라고 닉네임을 만들었습니다. 제가 강의하는 '어려운 세무, 쉽게 배우기'라는 주제와도 잘 어울리는 닉네임입니다.

닉네임은 일단 당신이 제공하는 콘텐츠와 유사성이 있어야 합니다. 그리고 부르기가 수월해야 합니다. 또 네이버에 검색하면 노출이 되지 않는 처음 보는 닉네임이면 더 좋습니다.

이제는 '택스코디'라고 네이버에 검색하면 제법 많은 포스팅 글이 보입니다. 이렇게 택스코디라는 단어를 먼저 선점한 뒤 지속해서 알려 나가면, 그 닉네임은 브랜드로 거듭나게 됩니다. 세상에 존재하지 않는 유일한 닉네임은 이렇게 만들어지는 것입니다.

과거 EBS에서 우연히 퍼스널 브랜딩 강의를 보았습니다. 강사는 '친철한 혜인씨'라는 닉네임을 쓰고 있었습니다. 특징 없는 닉네임 같아 보이지만 중요한 사실이 숨어있습니다.

'친철한 혜인씨'의 마지막 글자는 한글이 아니었습니다. '친철한 혜인C'였던 것입니다. 대문자 C의 의미를 그 강사는 비타민C라고 칭했습니다. 비타민C처럼 항상 생기있는 모습, 무엇인가 신선한 느낌마저 들지 않나요? 더불어 친절한 혜인C는 컬러 마케팅까지 도입했습니다. 비타민C 하면 떠오르는 색깔 오렌지색을 들고 다니는 가방, 타고 다니는 차량의 색상 등에 활용한 것입니다. 저는 그 강의를 보고 역시 'TV에 나올만한 강사이구나'라고 순간 무릎을 탁 쳤습니다.

'고전평론가'로 잘 알려진 고미숙 작가, 그녀는 고전을 생동감 있게 재해석하는 식으로 글을 씁니다. 예를 들어 〈열하일기〉를 읽어보면 연암 박지원이 옥전현이라는 마을 점포에서 너무나도 재미있는 문장을 발견하게 되어 그걸 열심히 베끼자, 점포 주인이 연암에게 왜 그걸 베끼냐고 물으니까, 연암이 "돌아가서 우리나라 사람들에게 한번 읽혀서 모두 허리를 잡고 한바탕 웃게 하려는 거요. 아마 이걸 읽는다면 입안에 든 밥알이 벌처럼 날아갈 것이며, 튼튼한 갓끈이라도 썩은 새끼처럼 끊어질 것이외다."라고 답하는 대목이 나오는데, 이런 대목들을 소개하며, 무려 300년 전에도 연암 같은 사람이 남을 웃기기 위해서 그러한 고생을 다 했다고 평하는 식입니다. 그런 이유로 그녀는 남녀노소를 가리지 않고 수많은 팬을 거느리고 있습니다

고전평론가는 그녀가 만든 직업입니다. '우주 유일의 고전평론가'라는 닉네임을 갖고 있습니다. 콘텐츠 크리에이터의 좋은 본보기입니다.

# 닉네임으로 활동하면
# 시장가치가 커진다

닉네임으로 활동하는 것이 좋은 점도 있습니다. 콘텐츠만으로 평가받을 수가 있기 때문입니다. 내 이름도, 나이도, 회사도, 학력도 공개되지 않은 상황에서 브랜드를 키울 수 있는 건 오로지 콘텐츠뿐입니다. 즉 콘텐츠만으로 평가받는 것이죠.

또 좋은 점은 본캐와 부캐가 철저히 분리된다는 점입니다. 본캐로 일을 할 때는 그 역할에 집중하고, 그 시간이 끝나면 부캐로 전환하면 됩니다. 철저한 분리는 각자의 몰입을 만들 수가 있습니다.

닉네임으로 활동하면, 독자들은 오히려 콘텐츠에 더 집중합니다. 〈2023 연말정산의 기술〉, 〈사업을 지탱하는 현실 세무 지식〉 등의 책을 출간하며 확신했습니다. 그 전에는 저자의 본명을 밝히지 않는 '블라인드 저자'보다 자기소개에 이력을 확실히 어필해 주는 저자의 책에 눈길이 가고 구매까지 이어진다고 생각했습니다. 하지만 닉네임 택스코디로 쓴 책은 예상보다 많은 관심을 받았습니다. 그때 '저자의 유명세보다 콘텐츠, 그 자체에 관심을 가지는 독자들이 이렇게 많구나'라고 생각했습니다.

앞으로도 특별한 일이 없다면 내가 누군지 숨긴 채 택스코디 (또는 잡빌더)라는 닉네임으로 계속 활동할 예정입니다. '소속의 힘'에 가려져서 진짜 '나의 힘'이 어느 정도인지 잊어버리면 안 됩니다.

"나의 시장가치는 어느 정도일까?"

본명이 아닌 닉네임으로 활동하면 '시장가치'에 더 민감해 집니다. 나의 소속이나 직함에 끌린 사람들이 아닌 오로지 내 콘텐츠에 모인 사람들이기에, 콘텐츠가 별로라면 미련 없이 떠나갑니다. 실제로 부족한 콘텐츠를 올리면 조회 수가 급격히 줄어듭니다. 그럼 이 시그널을 보고 깨닫습니다. '아, 이번 콘텐츠가 별로였구나. 다음에는 더 잘 만들어야지'라고, 그러면서 계속 높은 시장가치를 평가받기 위해 노력합니다. 그 점이 저를 자극하고, 계속 창작을 하게 하는 원동력이 됩니다.

닉네임으로 계정을 만들어 활동해보는 것을 추천합니다. 인스타그램, 페이스북, 브런치 등 어떤 플랫폼이라도 상관없습니다. 또 다른 자아를 만들어 키우는 맛이 있습니다. 차마 못 했던 말을 할 수 있는 것도 좋습니다. 지인들 눈치를 보지 않아서도 좋습니다. 내성적인 사람도 마음껏 나를 표현해볼 수 있습니다. 누군가에게 보여주기 위해 활동하는 것보다 나를 위해 활동하게 됩니다. 이것이 앞으로도 오랫동안 닉네임을 유지하고 싶은 이유입니다.

# 팔리는
# 콘텐츠를
# 만들자

# 기록부터 하자

"지금 이것들을 안 하면 절대 돈 못 법니다!"

이런 메세지에 반응해서 공부하는 사람들이 계속 늘고 있습니다. 대부분 그렇게 시작한 공부의 절반도 따라가지 못합니다. 그러면서도 계속 불필요한 가지를 늘려가야 할 것 같은 조급함을 느낍니다.

아이러니하게도 시스템은 불필요한 것을 제거할 때만 만들어집니다. 서로 연결성을 가지는 것들이 잘 순환할 때 비로소 시스템은 구축됩니다.

그 누구도 무엇을 덜 하라는 말을 해주지 않습니다. 저는 무조건 덜해야 하는 것들을 말합니다. 무엇을 덜해야 하는지 아는 방법은 자신이 현재 무엇을 하며 사는지 돌아보는 것이고, 그것은 기록을 통해 가능합니다. 기록하지 않으면 자신이 어떤 불필요한 일을 하고 있는지 알 수 없기 때문입니다. 나의 기록이 콘텐츠가 되고, 불필요한 일을 제거해서 시스템을 구축하는 힌트가 되는 것입니다. 아주 간단하게 기록하는 습관만 잡아도 생산성이 높아지는 이유입니다.

"제가 해봤는데 안 되던데요?"

반복하는 것은 에너지를 만듭니다. 흔히 말하는 풍력 발전기, 수력 발전기도 자연에서 반복적으로 제공하는 힘을 이용해서 전기에너지를 생산합니다. 세일즈 업계에서 유명한 '7의 공식'은 단기간에 7번 반복해서 노출되면 고객들이 제품에 친근감을 느끼고, 구매하는 것을 말합니다. 성공한 사람들은 말합니다. '7번 도전하며 실패했지만, 반복해서 다시 도전해서 성공할 수 있었다'라고.

반복하지 않고 원하는 일이 생기는 일은 없습니다. 반복할 때만 진동이 생기고, 진동이 에너지를 만들기 때문입니다. 대단한 콘텐츠 하나를 만들어서 성공하고 싶다는 욕심을 버려야 합니다. 부족한 콘텐츠라도 반복해서 정기적으로 만들면서 에너지를 만들어

콘텐츠 크리에이터 창업 & 세금 신고 가이드북

야 합니다. 그것은 많은 것을 끌어당깁니다. 사람을 끌어당기고, 돈을 끌어당깁니다. 또 운이 끌려옵니다. 그 과정을 통해 부족한 콘텐츠는 어느새 대단한 콘텐츠 반열에 올라가게 됩니다.

엄청난 양의 물이 바위에 떨어진다고 해서 바위가 음푹 파이진 않습니다. 하지만 반복해서 떨어지는 작은 물방울은 시간이 지나 바위에 구멍을 만듭니다. 정기적으로 반복하는 것의 강력함을 아는 사람은 아주 적은 노력으로도 자신이 원하는 것을 충분히 얻으면서 살 수 있습니다.

## Q - 기록을 잘하는 노하우는요?

잡빌더 - 바로 관찰입니다. 흐름과 변화를 읽어내기 위해서 꼼꼼한 관찰이 중요합니다. 이 관찰은 크게 사람에 대한 관찰과 이슈에 대한 관찰로 나눌 수 있습니다.

먼저 사람에 대한 관찰은 저의 취미 중 하나인 사람 구경입니다. 어딜 가도 사람 관찰하기를 좋아하고, 여행을 가서도 현지 사람 구경에 몇 시간을 보내곤 합니다. 그리고 놀랍게도 이렇게 관찰을 할 때마다 얻는 생각이 꼭 있습니다.

대중교통은 관찰하기에 더없이 좋은 장소입니다. 선입견 없는 무작위 표본으로 구성된 사람들을 만나 새로운 것을 캐치할 수 있는 기회가 되는 공간입니다. 그래서 지하철이나 버스를 타면 스마트폰은 잠시 내려놓고 사람들을 구경합니다. 어떤 옷을 입고, 어떤 신발을 신고, 어떤 디지털 디바이스를 이용하고, 어떤 서비스를 이용하는지 살펴봅니다.

두 번째 관찰은 이슈에 대한 관찰입니다. 다양한 이슈를 놓치지 않고 습득하기 위한 가장 좋은 방법은 나만의 인풋 소스를 늘리는 것입니다. 과거에는 인풋 소스를 무작정 늘리는 것이 가장 좋은 건 줄 알았습니다. 하지만 지금은 나에게 맞는 인풋 소스를 찾은 뒤 이를 루틴화하는 것이 가장 좋다는 것을 깨닫게 되었습니다. 모든 정보를 다 받아들여야 한다는 부담감도 사라지고, 내게 최적화된 인풋 소스를 받으니 소화도 더 잘 됩니다. 제가 이슈를 관찰하는 인풋 소스는 책, 신문, 유튜브, 인터뷰 콘텐츠, 팟캐스트, 다큐멘터리 등입니다.

이를 통해 어떤 트렌드와 브랜드, 인물, 어젠다와 쟁점이 뜨고 있는지 관찰할 수 있습니다. 사람과 이슈에 대한 관찰을 완료하면 이를 기록합니다. 들고 다니는 수첩, 스마트폰 메모장 등 어디든 적어도 좋습니다.

# 기록을
# 콘텐츠로 바꾸자

Q - 기록 후에는 무엇을 어떻게 해야 하나요?

잡빌더 - 관찰하고 기록했다면 여기까지는 개인의 사적인 생각이고, 사적인 기록입니다. 일기장과 크게 다르지 않죠. 그럼 여기서 더 나아가 사람들이 찾아보는 콘텐츠가 되기 위해서는 어떻게 해야 할까요? 제가 내린 결론은 '나의 철학'을 녹여내야 한다는 것입니다.

그러기 위해서 먼저 질문, 기록을 토대로 질문합니다. 이때 나만의 해석으로 이어지게 하는 놀라운 주문 두 가지가 있습니다. 바로 '왜?'와 '어떻게?'입니다. 기록한 것을 토대로 '왜?', '어떻게?'라고 질문을 던집니다. 어떤 브랜드가 뜨고 있다면 왜 떴는지, 어떻게 떴는지 질문을 던지는 거죠. 아래와 같은 식입니다.

- **BTS는 어떻게 글로벌 아이돌이 됐을까?**

제가 궁금해서 던진 질문이자 다른 사람도 궁금해 할 법한 내용을 제목에 그대로 담았습니다. 이런 패턴으로 콘텐츠 제목을 적어나갑시다.

이렇게 질문을 던진 뒤에는 해석할 차례입니다. '내 생각에는 이런 점이 유효했던 것 같아'라고 말입니다. 리서치를 하기도 합니다. 뜨고 있는 게 객관적인 수치로 증명이 되는지, 다른 사람들도 공감하는 이슈인지 확인합니다. 그러면서 나만의 논리로, 내가 스스로 던진 질문에 답을 합니다. 그리고 이걸 콘텐츠로 만들어 발행합니다. 위의 질문에 대해 아래와 같은 해석을 하는 것이죠.

- **BTS는 어떻게 글로벌 아이돌이 됐을까?**
  → 해석: SM + YG + JYP의 전략을 버무리다.
  **해외에서 먼저 뜬 아이돌 ('역수입 전략' 활용)**
  **네이버 V앱 출시 마케팅을 제일 잘 활용한 아이돌**

이렇게 해석할 때 머뭇거려지는 부분이 있습니다. 지나치게 주관적이지 않을까 하는 걱정입니다. 내 해석에 누군가 공감할 수 있지만, 누군가는 공감하지 못할 수 있습니다. 하지만 어떤 대단한 비평가, 소설가, 에세이스트라 할지라도 모두에게 공감받는 것은 불가능합니다. 그들도 수많은 '반대'를 견뎌냅니다. 글이 모두에게 공감받지 못하는 것은 당연한 일입니다. 세상에 존재하지 않는 완벽함에 발목을 잡히지 않았으면 좋겠습니다. 그저 내 생각을 온전히 전달하는 것만으로 충분히 가치 있는 일입니다.

많은 사람이 계정을 만들어 기록 생활을 시작하고 있습니다. 하지만 약간 아쉬운 점은 관찰과 기록에 그친다는 것입니다. 사람들이 찾아보는 콘텐츠가 되기 위해서는 반드시 나의 철학이 들어가야 합니다. 그 철학에 영감을 받는 사람들이 따라올 것입니다. 그렇기에 관찰과 기록에서 그치는 것이 아니라 철학을 담은 질문을 던지고 해석하는 작업까지 이어진다면, 더 많은 인기 부캐들이 등장해서 사적인 개인의 생각이 더 풍성해질 수 있지 않을까요. 그런 시대를 꿈꿉니다.

# 결국은
# 독창성이다

터지는 포스트(블로그), 유튜브 채널, 가만히 보면 공통점이 있습니다. 바로 독창성입니다.

콘텐츠 크리에이터의 성공비결은 채널 정체성을 뚜렷하게 드러내는 시그니처 콘텐츠를 지속 해서 제작하는 것입니다. 예컨대 이런 식입니다.

먹방이 인기라고 무작정 '뭔가를 먹는 방송'이라고 생각하면 안됩니다. 무엇을 어떻게 먹을지 뚜렷하게 정체성을 확보해야 한다는 겁니다.

예를 들면 '10,000원 먹방'을 콘셉트로 쭉 밀어보는 겁니다. 10,000원으로 장 봐서 요리해 먹기, 10,000원짜리 음식만 골라 먹기 같은 식으로 기획해나가면, 정체성은 뚜렷해지고 성공으로 이어집니다.

레드오션인 플랫폼 콘텐츠에서 독창성은 살아남는 핵심 키워드입니다. 플랫폼 마켓은 편식주의자입니다. 철저히 독창성, 즉 색깔이 강한 콘텐츠만 찾아다닙니다. 밋밋하고 색깔 없는, 어정쩡한 콘텐츠는 생선 가시 발라내듯 얄밉게 뱉어냅니다.

어떤 콘텐츠는 사람들 사이에서 유통되고 어떤 콘텐츠는 소리 없이 사라집니다. 어떤 것들은 사람들 사이에서 알아서 퍼지는데, 어떤 것들은 허무하게 묻히는 경험을 거듭합니다. 그 차이를 오랫동안 고민하여 얻은 결론은 '오리지널리티(originalty)'입니다.

오리지널리티는 바로 남들에게 없는 독창성입니다. '~스럽다'라는 말을 붙여보면 오리지널리티가 있고 없음을 짐작할 수 있습니다. 거창하지 않더라도 그런 '~스러움'이 그 콘텐츠를 더 특별하게 보이도록 만듭니다.

콘텐츠 뿐 아니라 콘텐츠를 발행하는 캐릭터도 택스코디 같은 오리지널리티가 있으면 더 좋습니다.

오리지널리티를 갖추면 비슷한 결의 사람도 모을 수 있습니다. 나의 독창성을 '독특한 관점'으로 이해해 주는 사람들이 모이고, 함께 이야기를 나누면 결국 브랜드가 됩니다.

Q - 그럼 오리지널리티는 어떻게 갖출 수 있나요?

예를 들어보면, 신문 기사를 통해 이케아 코리아가 국내 매출 5천억 원을 달성했다는 내용을 접하게 됐다고 해봅시다. 이를 내 공간에 옮기는 것은 기록입니다. 하지만 이 기록에는 독창성, 즉 오리지널리티가 없습니다.

이제 내 관점을 접목해 이케아의 성장을 다시 살펴봅니다. 내 관심사는 '비즈니스, 전략, 브랜드, 마케팅, 광고, 고객 중심적 사고'입니다. 이케아의 성장을 나의 관심사와 접목해보면서, 어떤 콘텐츠를 만들어볼 수 있을지 기획을 합니다.

### 1. 비즈니스와 접목

이케아의 비즈니스 성장을 다뤄보는 '이케아는 어떻게 5천억 원 매출을 거두며 국내에 성공적으로 안착했을까?'라는 콘텐츠를 만들 수 있습니다.

### 2. 전략과 접목

이케아와 타 가구 업체의 전략을 비교해보는 '이케아 공격에 국내 가구 업체는 어떤 전략을 취하고 있을까?'라는 콘텐츠를 만들 수 있습니다.

### 3. 고객 중심적 사고와 접목

이케아를 방문하는 고객에 빙의해 왜 고객은 이케아를 간다고 할 때, 놀러 간다고 이야기할까?라는 조금 더 캐쥬얼한 느낌의 콘텐츠를 만들 수 있습니다.

### 4. 마케팅과 접목

'이케아를 국내에 안착시킨 화제의 마케팅'에 대한 글을 써볼 수도 있습니다.

정리하면 기록에 내 관심사를 접목해 새로운 콘텐츠로 기획해 보는 연습, 독창적인 나만의 콘텐츠를 만들기 위해서는 꼭 필요한 연습입니다. 저 역시 수없이 연습했고, 지금도 연습하고 있습니다.

# 수익 시스템
# 어떻게
# 만드나

# 나에게 맞는 플랫폼을
# 찾는 것이 먼저다

넘치는 미디어의 시대 속에 살고 있습니다. 따라서 잘만 활용하면 나를 세상에 알리는 유용한 도구가 되는 플랫폼을 찾을 수 있습니다. 일상에서 흔히 접할 수 있는 블로그, 인스타그램, 페이스북, 트위터, 카카오스토리, 브런치, 유튜브 등 다양한 종류의 플랫폼들이 있는데, 이 중에서 무엇을 선택하고 집중할 것인지가 콘텐츠 크리에이터로 성공하는 데 중요한 발판이 됩니다. '무조건 블로그를 해라', '무조건 유튜브를 하는 게 좋다'가 아니라 내가 하는 분야가 어떤 분야인지 분석하고, 나를 원하는 사람이 누구인지 독자층을 명확히 하면 어떤 플랫폼을 활용해야 할지 스스로 찾을 수 있습니다.

제가 하는 일들은 세금, 회계 등 경제경영 영역과 글쓰기, 독서,

부캐 만들기 등 자기 계발 영역으로 텍스트가 기본인 콘텐츠입니다. 자기 계발 분야는 많은 사람이 네이버 블로그와 인스타에서 활동합니다. 저 역시 블로그로 시작했고, 꾸준히 기록 중입니다. 블로그가 일종의 베이스캠프인 셈이죠.

'무조건 블로그가 답이다'라는 소리를 하는 게 아닙니다. 콘텐츠에 따라 고객층이 이용하는 미디어가 다르므로 독자를 분석하고, 나를 파악하는 것이 중요합니다. 저는 글을 쓰는 사람이므로 가장 유용한 텍스트 플랫폼인 블로그를 활용하는 것입니다.

블로그는 다른 소셜미디어와 비교해 강력한 축적성을 지니는 플랫폼입니다. 다양한 도구들 (사진, 영상, 지도, 책 정보, 영화정보, 도표, 일정, 링크, 소스)을 활용해 더 자세하게 글을 쓸 수 있고, 차곡차곡 게시글이 쌓이게 됩니다. 하나의 블로그 안에서도 검색이 자유롭게 이뤄지며, 카테고리에 따라 내용을 분류할 수 있으므로 다양한 분야의 글을 작성하더라도 폴더만 나누면 되기에 깔끔하고 일관성 있는 콘텐츠를 유지할 수 있습니다. 그러므로 홈페이지 대용이나 온라인 포트폴리오로도 많이 쓰입니다.

저는 블로그에 글을 쓰고, 쓴 글을 다양한 플랫폼을 이용해 유통합니다. 같은 주제의 글을 짧게 다듬어서 인스타 스토리에 올리

콘텐츠 크리에이터 창업 & 세금 신고 가이드북

기도 합니다. 온라인 채널을 이용할 때 또 하나 좋은 점이 바로 이 것입니다. 정보의 생산자도 내가 되고, 유통도 내가 할 수 있는 시 대입니다.

**Q – 블로그로 브랜딩을 하고 싶은데 무엇을 주의해야 하나요?**

잡빌더 – 다음 세 가지 유형이 있습니다.

먼저 신뢰도도 낮고 타당도도 낮은 유형입니다. 본인 글이 네이 버 상단에 노출되지도 않고, 블로그의 운영 방향이 비즈니스 콘셉 트와 일치하지도 않는 경우입니다.

두 번째 신뢰도는 높지만, 타당도는 낮은 경우입니다. 본인 글 이 네이버 상단에 노출도 되고, 투데이 수도 높지만, 본인의 비즈 니스와 일치하지 않는 경우를 말합니다. 독서 강사인데 맛집으로 블로그가 유명한 경우가 이에 속합니다.

세 번째 신뢰도도 높고 타당도도 높은 경우입니다. 본인의 글이 네이버 최상단에 노출되면서 그 키워드가 본인의 비즈니스 콘셉 트와 일치하는 경우입니다. 가장 좋은 경우로, 블로그를 통해 브 랜딩을 구축하고자 하는 사람들은 이처럼 되도록 무던히 노력해 야 합니다.

수면 위로 떠오르는 것도 중요하지만, 무엇을 떠오르게 할 것인가도 비즈니스에 매우 중요합니다. 힘들게 수면 위로 올린 것들이 내 업의 방향과 전혀 다른 키워드라면 그 또한 의미가 없으므로 처음부터 블로그 방향을 잡을 때 비즈니스 콘셉트와 일치하도록 만들어야 합니다. 그래야 내가 원하는 독자들의 범주와 내가 발행하는 글의 정보를 원하는 독자들의 범주가 일치하게 됩니다. 그리고 그 과정이 일정 기간 이상 유지되었을 때 블로그 플랫폼을 통한 브랜딩이 형성됩니다.

콘텐츠 크리에이터 창업 & 세금 신고 가이드북

# 유능한 홍보실장
# 블로그를 활용하자

   제게는 유능한 홍보실장이 곁에 있습니다. 바로 블로그입니다. 블로그는 제가 강의를 하는 동안에도, 자는 동안에도, 밥을 먹는 동안에도 본연의 일에 충실히 임합니다. 제가 다른 일을 하고 있어도 누군가가 '택스코디'라고 검색하면 제 블로그는 다양한 글들을 그들에게 제공합니다. 블로그에 게시한 수많은 글은 하루 24시간, 1년 365일 내내 저를 검색하는 사람들에게 정보를 제공합니다. 이렇게 잘 키운 블로그 하나가 저를 세상에 알리는 든든한 홍보실장이 되어 곁에 있습니다.

   덕분에 저는 수월하게 브랜딩 되었고, 일일이 사람들을 찾아다니며 저의 존재를 알리지 않아도 사람들이 저를 찾아올 수 있는 유입 루트를 확보하게 되었습니다.

우리는 다양한 소셜미디어와 포털미디어들이 활발하게 존재하는 세상에 살고 있습니다. 불과 10년 전만 해도 미디어는 권력의 중심에 있었고, 일반인들이 소유할 수 없는 영역이었습니다. 정보의 생산자와 소비자가 명확히 구별되어 있었고 그 경계도 뚜렷했습니다. 하지만 지금은 아닙니다. 누구나 정보의 생산자가 될 수 있고, 누구나 미디어를 활용해서 자신을 브랜딩할 수 있는 시대입니다.

저는 자체 개설 강좌도 진행하지만, 종종 외부출강을 나가기도 합니다. 그리고 지금까지 제가 진행한 외부 특강은 대부분 블로그를 통해 의뢰가 들어온 케이스입니다. 블로그는 저를 세상에 알리는 든든한 홍보실장입니다. '나'라는 브랜딩을 잘 구축해놓으면 사람들은 알아서 찾아옵니다. 블로그에 콘텐츠를 꾸준히 기록만 하면 됩니다. 어느 순간 특정 분야에서 당신의 이름이 자주 언급되고, 당신을 아는 사람이 많아질 것입니다.

블로그에 양질의 콘텐츠를 지속해서 올렸을 때 최적화가 됩니다. 누군가 검색했을 때 가장 먼저, 가장 위에 노출이 되는 것입니다.

블로그를 활용하는 콘텐츠 크리에이터라면 내용에 충실한 양질의 포스팅을 꾸준히 하는 것이 가장 좋습니다. 다른 사람을 비교하지 말고, 스스로 길을 묵묵히 걸어갑시다. 이것은 콘텐츠 크리에이터의 삶에만 적용되는 게 아니라 블로그에서 글을 발행하는 작가에게 필요한 덕목이기도 합니다.

내용을 탄탄하게 만드는 것이 가장 좋습니다. 다른 블로그나 조회 수에 연연하지 말고, 우직하게 본인의 길을 걸어간다면, 나만의 콘텐츠는 차곡차곡 쌓일 것이고, 그 과정으로 인해 충성도 높은 블로그 이웃과 팬층은 자연스럽게 생겨날 것입니다.


무엇을 기록해야 할까? 어떻게 해야 할지 모를 때, 목적을 떠올려보면 방향이 보일 때가 많습니다. 내가 블로그를 왜 하려고 했지? 내가 이 글을 왜 발행하려고 하지? 이 글을 읽는 사람들은 어떤 사람들이지? 나는 그들에게 어떤 도움을 주려고 하지? 등의 본질적인 질문을 계속 해 봅시다. 그러면 방향이 뚜렷해지고, 무엇을 수면 위로 드러내야 하는지 명확하게 알 수 있을 것입니다.

블로그 정체성이 명확해야 합니다. 그 색깔과 콘셉트가 뚜렷해야 합니다. 블로그를 콘텐츠 크리에이터의 홍보모델로 활용하려면 무엇을 드러내야 할 것인지, 어떤 부분을 강조할 것인지 고민해야 합니다.

사업체 홈페이지처럼 상품 소개만 가득한 공간이 아니라 정보를 제공하고 소통하는 공간이라는 이미지를 드러내는 것이 훨씬 좋습니다.

카테고리가 일관성이 없고 무작위적인 글들로 가득 채워진 블로그를 접할 때가 더러 있는데, 이럴 때는 콘셉트를 다시 정하는 것부터 시작해야 합니다. 자기 계발을 하는 콘텐츠 크리에이터인데 맛집 탐방, 여행 포스팅, 일상 카페 투어 등 블로그에 정돈되지 않은 복잡한 카테고리들로 가득 차 있다면, 최상위 카테고리를 재설정하고 그 안에서 다시 나누는 것이 좋습니다. 물론 메인은 자기 계발과 관련된 카테고리여야 합니다. 발행된 글을 봤을 때, 질적으로나 양적으로 관련 분야가 주를 이루어야 한다는 것입니다.

유익한 글을 봤을 때 사람들은 저절로 다가오기 마련입니다. 내가 연결되고 싶은 사람들, 내 비즈니스 분야와 관련된 사람들을 만나고 싶다면, 당연히 그 분야의 글을 써야 합니다.

그러기 위해서는 지속적인 공부가 필요합니다. 단순히 내 생각을 배설하는 도구로서 블로그를 사용하는 게 아니라, 구체적인 정보를 기반으로 내 독자층을 넓일 수 있는 수단으로 만들어야 하므로 그들이 원하는 것을 채울 수 있는 정보를 주는 것이 바람직합니다.

콘텐츠 크리에이터 창업 & 세금 신고 가이드북

Q - 랜딩페이지 (웹사이트에 유입된 방문자들이 처음 접하는 웹페이지)를 기획하면서 1차 목표는 '사람들이 오래 머무는 페이지를 만들자'였습니다. 사람들이 많이 와서 오래 머무르려면 그들이 즐거워할 만한 콘텐츠, 유용한 콘텐츠가 많아야 한다는 원칙으로 기획하는데, 페이지를 만들면 만들수록 욕심은 점점 더 커졌습니다.

콘텐츠를 보고 구매까지 하면 좋을 거 같은데. "랜딩페이지 하단에 구매 버튼을 넣을까 말까?" "결국 이 콘텐츠를 보는 최종 목적은 판매 아니야?" "그러면 너무 광고 같아 보이지 않을까?" 이런 고민이 계속됩니다.

잡빌더 - 모든 콘텐츠는 광고와 정보 그 중간에 있습니다. 고객은 콘텐츠와 광고를 굳이 구분하지 않는다는 것을 전제로 방향을 잡아야 합니다. 소비자들이 보기에 유용하다고 느끼는 게 핵심이지, 광고인지 아닌지는 중요하지 않습니다.

# 당신의 몸값을
# 끌어올리는
# 가장 빠른 방법은?

콘텐츠 크리에이터는 정해진 날에 월급을 받는 것이 아니라 스스로 수익을 만들어야 하는 구조이므로 수입에 대한 생각 자체를 다르게 해야 합니다. 제대로만 한다면 내가 원하는 만큼 수익을 만들 수 있는 업의 형태입니다.

회사라는 조직에 적을 두고 있을 때는 아무리 열심히 일하고, 실적을 올려도 월급 인상에는 한계가 있습니다. 인센티브를 추가로 받는 때도 있지만, 이것은 드문 일이고, 대부분 내 노력과 상관없이 매달 같은 금액을 월급으로 받습니다.

반면 콘텐츠 크리에이터는 다양한 수익 루트를 만들 수 있습니다. 소그룹 코칭, 외부출강, 온라인 프로젝트, 컨설팅, 인세수익 등 비즈니스 모델이 다양한 만큼 수익 루트 또한 다양합니다.

## Q - 콘텐츠를 수입으로 만드는 좋은 방법은 없나요?

**잡빌더 - 콘텐츠가 수입으로 바뀌는 과정은 다음과 같습니다.**

**1. 콘텐츠 기획**

**2. 모객**

**3. 전달 (코칭, 강연, 컨설팅, 저서 출간 등)**

첫 단계인 콘텐츠 기획 단계는 말 그대로 콘텐츠를 제작하는 과정입니다. 회사로 치면 R&D(연구개발부)인 셈이죠. 당장 수익으로 연결되지는 않지만, 코칭과 프로젝트 등을 기획하고 연구하는 시간입니다.

두 번째 단계는 고객을 모집하는 과정입니다. 회사로 치면 홍보팀 또는 마케팅팀인 셈이죠. 아무리 내가 훌륭한 콘텐츠를 가지고 있어도, 고객에게 이 사실을 알릴 수 없다면, 아무 의미가 없습니다. 이때 최적화된 블로그를 운영하고 있다면 어렵지 않게 모객이 가능합니다.

마지막 단계는 직접적인 수익으로 연결되는 단계입니다. 자체 개설 강좌, 외부출강, 컨설팅 혹은 저서 집필 등 다양한 형태로 구상할 수 있고 수익은 이 단계에서 만들어집니다.

저는 외부출강보다 훨씬 안정적으로 몸값을 높일 수 있는 자체 컨설팅 방식으로 수익의 안정화를 추구했고, 이는 수익모델 다각화를 이루는 데 많은 도움이 됐습니다. 사실 초보 강사는 출강을 나가게 될 가능성도 적고, 어쩌다 지인을 통해 강의를 나가더라도 매우 적은 보수를 받고 강의를 해야 하는 경우가 많습니다. 그래서 저는 처음부터 제 수입에 집중하는 방법을 선택했고, 콘텐츠와 강연의 질을 높이기 위해 노력했습니다.

거기에 관련 책을 꾸준하게 출간했고, 강의안은 계속 업데이트해서 자체 개설 강좌의 퀄리티를 높였습니다. 그러자 자연스레 입소문이 나기 시작했습니다. 강좌를 개설함과 동시에 조기 마감되는 일들이 생겼고, 이 시기가 성장의 길로 한 번 더 점프하는 시점이 된 것입니다. 여기에 만족하지 않고 장기적인 관점으로 지속해서 콘텐츠의 질을 높이고 새로운 기획으로 관련 책을 계속 출간하고 있습니다.

동시에 블로그를 통한 퍼스널 브랜딩을 구축하는데 시간을 투자하고 있습니다. 나만의 콘텐츠를 계속 고민했고, 이런 시간이 쌓이니 자연스럽게 몸값은 상승했습니다. 스스로 브랜딩 구축에 힘쓰고, 자신만의 콘텐츠에 집중하면 불과 1년 만에도 몸값은 가

파르게 상승할 수 있습니다.

결코 부인할 수 없는 사실은 제 몸값을 상승시킨 가장 강력한 요인은 바로 '다작'입니다. 관련 책을 한 권 출간한 사람이랑, 10권 이상 출간한 사람이랑 선택한다면 당신은 누구를 선택하겠습니까?

# 강의로
# 비즈니스 모델을
# 만들자

무엇이든 강연 콘텐츠로 만들 수 있는 시대입니다. 예를 들어 책과 관련된 분야에서만 해도 정말 다양한 강의를 기획할 수 있습니다. 책 읽는 방법을 알려주는 독서 강의, 독서 정리를 잘 하는 방법 (독서 노트)에 대한 강의, 책 쓰기 강의, 책 출판 강의, 글쓰기 강의, 독립서점 창업 강의, 북카페 창업 강의, 등 할 것 없이 쭉쭉 가지를 뻗어 나갈 수 있습니다.

카페를 오픈해서 커피를 만들어 팔면, 판매 매출이라는 수익이 생깁니다. 하지만 거기서 더 나아가 커피를 만드는 방법을 알려주는 강좌를 개설하면 수익모델이 다각화되는 것입니다. 커피 만드는 방법뿐만 아니라 카페 창업 방법에 대해 알려주는 강좌, 자영업 매출을 올리는 강좌 등 얼마든지 다양한 강의로 연결할 수 있

콘텐츠 크리에이터 창업 & 세금 신고 가이드북

습니다. 다시 말해 당신만의 색깔을 입히는 거죠. 저는 여기에 세금이라는 콘텐츠를 더해 '알고 시작하는 창업과 세무'강의로 좋은 반응을 얻었습니다.

예전보다 개인 시간이 늘어난 직장인들이 점점 늘어나면서 다양한 강좌와 클래스에 등록해서 무언가를 배우는 데 투자하는 사람들이 많아지고 있습니다. 자연스레 강연 콘텐츠는 점점 더 확장되고 성장하고 있습니다. 직장인뿐 아니라 주부들도 자기 계발에 적극 참여합니다. 육아시간을 경력단절의 시간으로 보내는 게 아니라, 경력보유자로서 사회생활을 다시 시작하기 위한 준비시간이라 생각하여 내공을 쌓는 성장의 시간으로 만들고 있는 것입니다.

Q – 자료는 충분히 준비한 거 같은데, 강의안을 짜는 게 힘드네요.

잡빌더 – 아이디어를 구조화하는 방법은 많지만, 제가 주로 사용하는 방법은 'What – Why – How'를 논리적으로 기획할 수 있는 로직트리 기법입니다. 핵심 내용을 청중에게 명확하게 전달하면서 동기부여까지 할 수 있어 자주 활용하는 방법이죠.

강의를 진행할 때는 What, Why, How 이 세 가지가 모두 중요한데, 먼저 What은 무엇에 관한 메시지인지 참여자가 명확하게 알 수 있어야 하는 부분입니다. 이때 너무 많은 것을 담으면, 강의자는 준비한 내용을 한정된 시간 안에 전달하기 바쁘고 청중 역시 따라오기가 버겁기 마련입니다. 따라서 What은 간결하고 명확하게 전달하는 것이 좋습니다.

두 번째 Why는 왜 What을 해야 하는지에 대한 부연설명을 전달하는 부분입니다. 이 강의가 수강생들에게 왜 필요한지 현재 문제점을 파악해서 근본적인 본질에 다가가, 이 부분이 해결되면 어떤 결과를 얻게 되는지 기대효과를 전달하는 것도 좋습니다. 보통 이 부분의 만족도에 따라 청중의 강의 몰입도는 달라집니다. 장황한 부연설명보다 한마디 강력한 Why, 강사 본인 사례를 활용하면 청중들에게 더 생생하게 전달되므로 더 좋습니다. 특히 실패사례와 그 실패를 어떻게 극복했는지를 강의에 녹여내면 좋습니다.

마지막 구체적인 방법을 알려주는 How의 영역도 매우 중요합니다. 요즘처럼 바쁜 시대에 What과 Why에 대해서만 백날 말해봤자 아무도 귀담지 않습니다. 좋은 메시지를 듣고 실천하려면 구

콘텐츠 크리에이터 창업 & 세금 신고 가이드북

체적인 How에 관해서도 당연히 전달해야 합니다. 그래서 어떻게 해야 하는지 방법론에 대해 친절히 알려줘야 하는 것은 강사의 의무입니다. What과 Why만 있다면 내 자랑만 하다 끝나게 됩니다. How의 영역은 What과는 다르게 좀 더 다양하고 풍부한 내용을 담는 것이 좋습니다. 어떻게 해야 하는지 하나의 방법이나 기법만 설명하기보다 다양한 사례를 소개해서 청중 본인에게 맞는 것을 선택할 수 있도록 안내자 역할을 하는 것이 좋습니다.

**PART 02**

# 콘텐츠 크리에이터
# 사업자등록과 세금신고

# 콘텐츠 크리에이터 사업자등록 해야 하나?

# 국세청은
# 당신이 얼마를
# 버는지 알고 있다

저는 잡빌더가 기획한 콘텐츠 크리에이터 '택스코디'입니다. 세금이라는 주제를 세무사들과는 다른 관점으로 재해석해 책을 쓰고 강의를 합니다. 이번 장부터는 제가 여러분이 궁금해 하는 사업자등록부터 세금 신고 그리고 절세법까지 설명하겠습니다.

유튜브 제작으로 돈을 버는 사람들이 늘고 있습니다. 그중 일부는 고액의 광고수익을 올리기도 하죠. 이제 막 유튜브 제작에 뛰어든 사람들도 적지 않습니다.

그런데 모두가 간과하고 있는 것이 있습니다. 눈앞의 소득 외에 세금 문제에 대해 깊이 있는 고민을 하지 않고 있다는 것입니다. 2019년 고소득 유튜버들을 세무조사하면서 유튜버에 대한 세금 추징 신호탄은 이미 쏘아 올려진 상황입니다.

유튜버 소득에는 크게 3가지가 있습니다. 우선 가장 큰 비중을 차지하는 것이 구글 애드센스라고 하는 광고수익입니다. 구글이 개인 유튜브 채널을 통해 광고하고 거기에 따른 광고수익을 구글과 유튜버 (콘텐츠 크리에이터)가 분배하는 것입니다. 구독자 1,000명 이상, 최근 12개월간 총 재생시간 4,000시간이 넘어야 애드센스에서 수익이 생기고, 이후 광고수익이 100달러가 넘어야만 실질적으로 수령이 가능합니다. 세금 문제도 100달러가 넘는 시점부터 발생합니다.

다음은 직접 특정 브랜드와 광고계약을 맺고 제작할 때 PPL (제품 노출을 통한 간접광고)을 하는 것입니다. 이 경우 수익이 현금 외에 현물로도 제공될 수도 있는데, 이론적으로는 현물도 시가평가를 해서 세금을 신고해야 합니다. 인지도가 높은 유튜버는 현물뿐만 아니라 현금 등의 대가도 크기 때문에 그에 맞는 신고가 필요합니다.

마지막으로 수퍼챗을 통한 후원금 수익입니다. 아프리카TV 별풍선과 같은 개념인데, 라이브 스트리밍 (실시간 전송)을 하면서 계좌로 후원금을 받는 것입니다. 보통 수수료 40%를 구글이 가져가고 60%는 제작자가 갖는 구조입니다. 다만 애드센스와 PPL

은 광고수익으로 잡을 수 있지만, 후원금의 경우 기부금으로 봐야 하느냐에 대한 논쟁이 아직 남아있습니다.

사실 과거에는 유튜버의 소득을 국세청이 파악하기 어려운 부분이 있었습니다. 유튜브는 서버가 해외에 있고, 국내 사업장을 두지 않고 있다는 부분 때문에, 국내에서는 구글에 대한 매출이나 지출 등의 자료확보가 이뤄지지 않았습니다. 종합소득세의 신고 안내문조차 발송되지 않았습니다. 그래서 요즘도 안 걸릴 거라고 인식하는 유튜버들이 있습니다.

2018년 12월에 있었던 구글코리아 세무조사를 시작으로 이후 국세청이 2019년 4월 초 170여 명의 고소득 연예인과 운동선수, 유튜버들을 대상으로 세무조사를 한 것은 국세청이 구글코리아 세무조사 당시 고소득 유튜버에 대한 자료를 상당 수준까지 확보했다는 것을 보여줬다고 판단됩니다. 국세청이 구글을 통한 세원 정보 파악이 가능하다는 것을 보여준 것이죠.

어찌 됐든 이제 유튜버들도 세금신고를 잘 해야 하는 상황이 됐습니다. 이른바 구글세의 도입은 아직 이뤄지지 않았지만, 구글 매출과 지출을 파악하기 위해 부가가치세법도 계속해서 개정되고 있습니다. 2018년부터는 광고수익과 클라우드 서비스까지 과세대상에 포함됐습니다. 구글 광고수익 매출이 파악된다면 그에 따른 지출과 유튜버들의 수익도 파악이 가능해진다고 봅니다.

그 외 크리에이터들의 기획사로 볼수 있는 MCN (다중채널네트워크) 사업자를 통한 수익도 있습니다. 국내에서 인적용역을 제공하고 그 대가를 받는 것으로 국내 MCN 사업자들이 이미 지출을 다 신고하고 있으므로, 이 부분은 예전부터 100% 세원포착이 됐던 부분입니다.


유튜브를 통해 광고수익을 올리는 콘텐츠 크리에이터와 인스타그램에 상품을 파는 인플루언서는 2020년부터 세금 문제에 각별히 신경 써야 합니다. 국세청이 현황 파악과 분석을 거쳐 본격적인 과세 가이드라인을 마련했기 때문입니다.

국세청이 주목하는 부분은 외국의 플랫폼 사업자로부터 직접 광고수익을 송금받고 있는 콘텐츠 크레이이터입니다. (주로 유튜브에서 활동하고 있는 크레이이터를 뜻합니다.)

유튜버 가운데 연간 외환 수령액이 1만 달러 (약 1,167만 원)를 넘으면 국세청이 외국환은행장으로부터 자료를 받아 종합소득세 신고 안내를 하게 됩니다. 앞으로 국세청에 통보되는 외환 지급거래 기준을 더 낮추는 방안부터 유력하게 검토될 전망입니다.

누구나 세무조사를 받을 수는 있습니다. 유튜버에 대한 세무조사 내용을 보면 가장 큰 부분이 신고 누락, 즉 '무신고'였습니다. 따라서 소득에 대해서는 무조건 자진신고를 하는 것이 세무조사에 대한 가장 기본적인 예방책이라고 할 수 있습니다.

또 하나는 수익을 타인 명의의 계좌로 받는 경우가 많다는 것입니다. 애드센스 등록계좌를 본인 것이 아닌 타인 명의 계좌로 등록하고 수익을 수령해 수익을 신고하지 않는 사례도 있는데, 이는 추후 차명계좌 사용에 따른 세법상의 불이익을 받을 수 있습니다.

과거 세무조사에서도 MCN 사업자들이 명의를 분산시키거나 가공인건비를 활용해 소득을 누락시킨 부분이 세무조사에서 확인됐었습니다. 사업자등록 후에는 사업용 계좌로 수익을 수령해서 적법한 세무처리를 하는 것이 좋습니다.

# 사업자 종류에 따라
# 내야 할 세금이 다르다?


최근 트렌스젠더 풍자는 '신발 벗고 돌싱포맨'이라는 예능 프로그램에서 매월 유튜브를 통해 벌어들인 소득만 2,000만 원 이상이라고 밝힌 적이 있습니다.

이제 유튜브나 아프리카TV 등의 미디어 플랫폼에서 수입을 얻는 구조는 흔히 볼 수 있습니다. 유명한 연예인이나 인플루언서뿐만 아니라 일반인도 이러한 미디어 플랫폼을 통해 수익을 낼 수 있는 시대입니다.


세알못 - 콘텐츠 크리에이터를 전업으로 삼아 소득을 얻는다면, 세금은 어떻게 내야 하나요?


택스코디 - 콘텐츠 크리에이터로 활동해서 세금을 내기 전, 먼저

콘텐츠 크리에이터 창업 & 세금 신고 가이드북

집고 가야 하는 게 있습니다. 바로 사업자등록입니다. 그 이유는 사업자 종류에 따라 내야 할 세금이 달라지기 때문입니다. 사업자는 크게 과세사업자와 면세사업자로 나눠집니다.

콘텐츠 크리에이터가 시나리오 작성자나 영상편집자를 고용했다면 과세사업자에 해당합니다. 전문적인 촬영 장비 보유 및 별도의 방송용 스튜디오를 갖춘 경우도 마찬가지입니다.

그런데 근로자도 고용하지 않았고, 전문적인 촬영 장비와 별다른 스튜디오 없이 그야말로 혼자서 영상 콘텐츠를 제작한다면 면세사업자에 해당합니다. 면세사업자는 부가가치세를 신고하지 않아도 됩니다. 단 면세사업자도 개인사업자이므로 다음 해 2월 10일까지 사업장 소재지 관할 세무서장에게 지난 1년간의 수입금액과 사업장 현황을 신고해야 합니다.

또 자신이 과세사업자에 해당한다면 일반과세자와 간이과세자 중 어떤 유형에 속하는지 알아야 합니다. 두 가지 사업자 중 자신에게 더 적합한 유형은 어느 것인지 판단해 사업자등록을 해야 하죠.

연 매출 8,000만 원 이상이라면 일반과세자로 등록해야 합니다. 처음부터 고수익이 발생해 당장 연 8,000만 원 이상의 매출이 예상되거나 간이과세로 등록할 수 없는 지역 (간이과세배제지역)에 사업장을 두고 있으면 일반과세자로 사업자등록을 해야 합니다.

사업자등록을 앞두고 보통 간이과세자와 일반과세자 중 어떤 유형을 선택할지 고민을 합니다. 일반적으로는 간이과세자가 유리하나 다음의 경우엔 일반과세자가 유리합니다.

초기 인테리어 비용이 많이 들었을 때는 매출보다 매입이 많아 일반과세자라면 매입세액을 환급받을 수 있습니다. 이외에도 거래 상대방이 사업자라면 매입세액공제 여부에 따라 간이과세자와의 거래를 선호하지 않을 수 있어 일반과세자가 유리할 때가 있습니다.

사업자등록을 마친 뒤 사업용 신용카드를 홈택스에 등록해두면 필요한 정보를 한 번에 파악할 수 있습니다. 등록된 카드로 사업에 관련된 지출을 하면 부가가치세 매입세액공제나 종합소득세 비용처리에 있어 누락 없이 처리 가능합니다.

사업용 계좌 신고도 챙겨봐야 합니다. 복식부기의무자라면 복식부기의무자에 해당하는 과세기간의 개시일로 부터 6개월 이내에 신고해야 합니다. 이행하지 않을 시 조세특례제한법상의 각종 감면 혜택에서 배제하며 가산세를 부과합니다.

# 사업자등록 시
# 업종코드는?

세알못 – 셀프로 사업자등록 중입니다. 업종코드는 어떻게 하면 되나요?

택스코디 – 앞서 말한 것처럼 사업자등록 시 면세사업자인지 과세사업자인지 선택해야 하는데, 만약 기획자, 작가, 영상편집자 등을 고용하고 있거나 전문 스튜디오를 갖추고 있다면 과세사업자로 등록해야 합니다. 이럴 때는 사업자등록 시 업종구분코드로 '미디어콘텐츠창작업' (업종코드 921505)으로 선택하면 됩니다.

그러나 아무것도 없이 그냥 혼자서 핸드폰이나 DSLR을 이용해서 콘텐츠를 만들어 올리는 개인이라면 면세사업자로 등록하면 됩니다. 이때 업종은 '1인미디어 콘텐츠창작자' (업종코드 940306)

를 선택하면 됩니다.

참고로 사업자등록 여부에 따른 세금신고 일정은 다음과 같습니다.

**<사업자등록 유, 무에 따른 세금신고 의무>**

| 구분 | 부가가치세 | 종합소득세 | 사업장현황신고 |
|---|---|---|---|
| 프리랜서 (사업자등록 X) | X | O | X |
| 과세사업자 (사업자등록 O) | O | O | X |
| 면세사업자 (사업자등록 O) | X | O | O |

또 사업자등록을 하는 경우, 일반과세사업자인지 면세사업자인지에 따라서 업종코드가 다르며 그에 따라 다음 표와 같은 차이가 발생합니다.

| 구분 | 921505 | 940306 |
|---|---|---|
| 과세유형 | 일반과세자 | 면세사업자 |
| 부가가치세 | O | X |
| 종합소득세 | O | O |
| 사업장현황신고 | X | O |
| 복식부기의무자 | 직전년도 매출 1억 5천만 원 이상 | 직전년도 매출 7천 5백만 원 이상 |
| 중소기업 특별세액감면 | O | X |

콘텐츠 크리에이터 창업 & 세금 신고 가이드북

| 창업중소기업 세액감면 | O | X |
| --- | --- | --- |

위 표에 관한 자세한 설명은 부가가치세, 종합소득세를 다룬 장에서 다시 구체적으로 말하겠습니다.

하나 주의해서 살펴볼 건, 중소기업 특별세액감면 또는 창업중소기업 세액감면은 일반과세사업자로 등록하는 때에만 가능하다는 것입니다. 참고로 창업중소기업 세액감면제도는 창업중소기업과 벤처기업 등 31개 업종에 포함된 기업에게 5년간 세액을 50%에서 100% 감면하는 제도이고, 중소기업 특별세액감면의 경우 46개 업종의 중소기업에게 5%에서 30%의 세액을 감면해주는 제도를 말합니다. (창업중소기업 세액감면제도 등 다른 세액감면과 중복 적용은 불가능합니다.)

# 세금 신고는 언제 하나?

# 부가가치세
# 신고 일정은?

　콘텐츠 크리에이터로 사업자등록을 하게 되면 1년 내내 세금 신경을 써야 합니다. 벌어들인 소득에 대해서는 소득세를 스스로 신고·납부해야 하고, 매출에 대해서는 부가가치세를 계산해서 납부해야 합니다. 월급에서 세금을 알아서 떼가고, 연말정산 정도만 챙기면 되는 직장인과는 차이가 큽니다.

　세알못 – 처음 창업하는 사업자들은 언제 어떤 세금을 챙겨봐야 할까요?

　택스코디 – 대부분 창업자가 처음으로 신경 써야 하는 세금은 부가가치세입니다.

부가가치세는 소비자가 부담하는 세금이지만, 사업자가 모았다가 국세청에 대신 내는 세금입니다. 따라서 창업 초기 이익 없이 매출만 있더라도 부가가치세는 신고하고 납부해야 합니다.

부가가치세는 과세기간이 6개월 단위이기 때문에 상반기 중에 창업한 사업자는 사업 기간 발생한 매출에 대한 부가가치세를 7월 25일까지, 하반기 중 창업한 사업자는 다음 해 1월 25일까지 부가가치세를 신고·납부해야 합니다.

또 각 과세기간 중 1분기 종료 후 4월 25일까지, 3분기 종료 후 10월 25일까지 부가가치세를 중간정산하는 기간도 있습니다. 법인은 스스로 신고·납부(예정신고)하고, 개인은 국세청이 고지서(예정고지)를 보내줍니다.

그중에서도 간이과세자로 시작한 소규모 사업자들은 1년 치 부가가치세를 다음 해 1월 25일까지 한 번만 신고·납부해도 됩니다. 간이과세자 중에서도 연매출 4,800만 원 미만인 간이과세자는 부가가치세 납부의무가 면제되므로 신고만 하면 됩니다.

| 구분 | 1기 | | 2기 | |
|---|---|---|---|---|
| | 예정<br>(1/1~3/31) | 확정<br>(1/1~ 6/30) | 예정<br>(7/1~9/30) | 확정<br>(7/1~12/31) |
| 개인 | 고지 | 신고 | 고지 | 신고 |
| 법인 | 신고 | 신고 | 신고 | 신고 |

참고로 부가가치세를 신고할 때는 부가가치세 신고서와 매출세
금계산서합계표, 매입세금계산서합계표 등의 부속서류를 제출해
야 합니다.

# 종합소득세
# 신고 일정은?

"근로소득세 내는 네가 모르는 종합소득세 내는 세계가 있단
다."

선풍적인 인기를 끈 드라마 '더 글로리'에서 상당한 부유층인
이사라가 평범한 집안 출신인 최혜정에게 한 대사입니다. 드라마
에서 종합소득세는 매달 급여에서 근로소득세가 원천징수되는
대다수 직장인과 달리 사업으로 돈을 버는 상류층의 세금으로 묘
사됩니다. 하지만 종합소득세는 상류층만의 세금이 아니라 개인
사업자부터 부업을 하는 직장인, 부동산 임대사업자, 프리랜서,
연금 생활자까지 다양한 형태의 생활자가 내는 세금입니다.

종합소득세 납부 대상자라면 5월 한 달간의 신고 기간에 앞서

빠진 소득은 없는지, 비용을 인정받아 절세할 여지는 없는지 등을 꼼꼼히 따져 봐야 합니다. 세금신고를 잊고 넘어가면 세액의 20%에 달하는 가산세를 물 수 있습니다.

종합소득세는 지난해 1년간 경제 활동으로 얻은 소득에 대해 내는 세금입니다. 참고로 근로소득세가 월급에서 원천징수되는 직장인은 연말정산을 통해 소득세 신고는 종결됩니다. 하지만 연말정산을 끝낸 직장인이더라도 다른 소득이 일정 수준을 넘어서면 별도로 종합소득세 신고를 해야 합니다.

**세알못 - 일정 수준이라는 거, 구체적으로 어떻게 되나요?**

택스코디 – 부업을 통해 얻은 기타소득이 연 300만 원(필요경비 제외)을 넘으면 종합소득세 신고를 해야 합니다. 또 금융소득(이자소득 및 배당소득) 합계액이 연 2,000만 원을 초과하거나 사적연금소득이 연 1,200만 원을 초과하는 사람도 종합소득세 납부 대상입니다. 사업소득이 있는 사람은 금액과 관계없이 신고해야 합니다.

세율은 과세표준 구간에 따라 6%(1,400만 원 이하)~45%(10억 원 초과)입니다. 과세표준은 종합소득금액에서 소득공제액을 빼

산출합니다. 이자·배당소득이 2,000만 원 이하일 때는 14% 세율로 원천징수합니다. 주택임대소득이 2,000만 원 이하일 때도 같은 세율로 분리과세를 선택할 수 있습니다.

N잡러 직장인이라면 필요경비를 제외하고 기타소득금액이 300만 원 초과인지를 명확히 따져 봐야 합니다. 사업소득과 기타소득을 구분하는 기준은 '소득의 지속성 여부'입니다. 지속적이라면 사업소득, 일회성이라면 기타소득으로 구분됩니다. 강연료나 자문료, 책을 집필해 받은 인세 등이 대표적인 기타소득입니다.

처음에는 부업으로 시작한 일이라도 수입 규모가 일정 수준이 넘어가거나 반복·지속해서 발생한다면 사업소득으로 신고해야 합니다. 다시 말하지만, 유튜브 등 SNS에서 콘텐츠 크리에이터로 활동하며 꾸준히 광고나 후원소득이 발생하고 있다면 사업자등록을 하고 사업소득으로 신고해야 합니다.

연간(1월 1일~12월 31일) 벌어들인 소득에 대해 다음 해 5월에 종합소득세 신고를 하고 세금을 내야 합니다. 따라서 창업 시기가 언제가 됐든, 종합소득세는 다음 해 5월에 신고납부하면 됩니다. 그리고 종합소득세도 중간예납이라는 중간정산 절차가 있습니다. 상반기 중에 발생한 소득에 대해 11월에 소득세를 계산해 납

콘텐츠 크리에이터 창업 & 세금 신고 가이드북

부하는 절차입니다. 사업자가 신고하지 않고 국세청이 계산해서 고지서를 보냅니다.

종합소득세를 제때 신고하지 않으면 불이익이 큽니다. 착오 등으로 인한 일반 무신고는 무신고 납부세액의 20%를 가산세로 냅니다. 허위증빙이나 허위문서 등을 작성한 부정한 행위를 할 때 가산세는 무신고 납부세액의 40%로 뜁니다.

# 사업장현황신고는
# 무엇인가?

- **면세사업자: 판매하려고 하는 상품이나 서비스가 부가가치세법상 면세인 사업자**

부가가치세를 걷어서 대신 내는 일을 하지 않는 사업자들이 있습니다. 바로 부가가치세가 붙지 않는 물건(재화)을 팔거나 서비스(용역)를 제공하는 사업자들입니다. 이렇게 부가가치세 면세물품이나 면세용역을 제공하는 사업자를 구분해서 면세사업자라고 부릅니다.

부가가치세가 붙지 않는 면세물품과 용역은 생각보다 다양합니다. 물품 중에는 가공하지 않은 농·수·축산물, 여성 생리대, 연탄, 도서, 신문·잡지 등이 있습니다.

용역 중에서는 의료보건용역이나 의약품조제용역, 학원 교육서비스, 은행·보험의 금융서비스 등이 모두 부가가치세가 붙지 않습니다. 병원 치료비나 학원비 영수증에 부가가치세가 없는 이유입니다. 부가가치세를 면제해 줄 테니 공적인 영역의 물품이나 서비스의 가격을 좀 내리겠다는 취지입니다. 이런 물품을 팔거나 용역을 제공하는 면세사업자는 소비자로부터 받는 부가가치세가 없으니 낼 부가가치세도 없습니다. 그래서 부가가치세 신고·납부의 의무가 없는 것입니다.

하지만 면세사업자도 자신이 소비자 입장에서 사업에 쓸 물품을 구입하거나 각종 비용을 지출할 때에는 부가가치세를 붙여서 계산해야 합니다. 면세사업자가 밥을 먹는다고 해서 식당 주인이 부가가치세를 빼고 계산하지는 않습니다.

보통의 사업자라면 소비자로부터 받은 부가가치세(매출세액)에서 자신이 지출한 부가가치세(매입세액)를 빼고 부가가치세를 계산하고 내는데, 면세사업자는 소비자로부터 받은 것이 없으니 뺄 대상이 없습니다.

하지만 면세사업자는 부가가치세를 포함한 금액 전체를 비용으로 처리하는 특징이 있습니다. 예를 들어 일반 사업자는 110만 원에서 부가가치세 10만 원을 뺀 100만 원을 소득세 계산 시 비용으로 처리한다면, 면세사업자는 110만 원 전체를 비용으로 처리하는 식입니다.

## • 사업장현황신고: 사업장의 현황을 신고하는 것

면세사업자는 부가가치세 신고는 할 필요가 없지만, 꼭 해야 할 다른 신고의무가 있습니다. 바로 사업장현황신고라는 것입니다. 뭘 얼마나 팔아서 전체 매출이 얼마나 되는지 사업장의 현황을 신고하는 것입니다.

일반 사업자는 부가가치세를 신고·납부할 때, 전체 매출과 매입금액이 자동으로 신고가 되고, 이것을 기초로 국세청이 소득세까지 검증 가능합니다. 하지만, 면세사업자는 부가가치세 신고를 하지 않으니 소득 규모를 확인할 근거가 없는 문제가 생깁니다. 그래서 면세사업도 매출의 규모와 내용을 신고하도록 한 것이 사업장현황신고입니다.

사업장현황신고는 연간 매출(수입금액)에 대해 다음 해 2월 10일까지 사업장 관할 세무서에 신고하면 됩니다. 사업장현황신고를 하지 않으면 매출의 0.5%를 소득세로 가산하는 페널티가 주어집니다.

# 사업자등록은 어떻게 하나?

# 사업자등록
# 신청하는 방법은?

본인 PC에 공인인증서가 등록되어 있다면 인터넷으로도 쉽게 사업자등록 신청을 할 수 있습니다. 국세청 홈택스 홈페이지에 들어가 온라인으로 신청 가능합니다. 상호명, 주소, 업종코드 등을 미리 생각했으면 좀 더 쉽게 신청할 수 있습니다. 온라인으로 신청하는 것이 어려운 사람들은 신분증을 가지고 세무서에 방문해서 신청할 수도 있습니다.

사업자등록을 할 때 가장 먼저 생각해야 할 것은 사업자 유형입니다. 법인사업자와 개인사업자의 장단점을 파악한 후 결정하면 됩니다. 개인사업자 내에서도 일반과세자와 간이과세자로 선택 가능합니다. 각자 유불리를 잘 따져 선택해야 합니다. 대부분은 간이과세자로 시작하는 것이 유리한데, 환급이 예상되는 경우라면 일반과세자로 선택해야 합니다.

　사업장 주소를 기재하는 부분에는 본인 사무실이 있다면 사무실 주소를 기재하면 되고, 없을 때는 집 주소로 작성해도 괜찮습니다. 참고로 주소는 추후 변경이 가능합니다.

　이후 업종에서 주업태, 주종목, 주업종 코드를 기재하는 부분이 있는데, 국세청 홈택스 홈페이지에서 확인할 수 있고, 잘 모르는 부분이 있으면 관할 세무서에 전화로 문의해서 상담 후 결정하면 됩니다.

### 세알못 - 사업자등록 신청 후 발급까지 얼마나 걸리나요?

택스코디 – 세무서에 방문해서 신청하면, 특이점이 없을 때는 바로 사업자등록증 발급이 가능하고, 인터넷으로 발급 신청하면 약 3일 정도 승인 기간 이후 발급이 가능합니다.

　참고로 임차한 사무실이나 상가건물이 경매 또는 공매되는 경우 임차인이 상가건물임대차보호법의 보호를 받기 위해서는 반드시 사업자등록과 함께 확정일자를 받아 두어야 합니다.

## 세알못 – 확정일자가 무엇인가요?

택스코디 – 건물소재지 관할 세무서장이 그 날짜에 임대차계약서의 존재 사실을 인정해 임대차계약서에 기록한 날짜를 말합니다.

건물을 임차하고 사업자등록을 한 사업자가 확정일자를 받아 놓으면 임차한 건물이 경매나 공매로 넘어갈 때 확정일자를 기준으로 후순위 권리자에 우선하여 보증금을 변제받을 수 있습니다. 따라서 확정일자는 사업자등록과 동시에 신청하는 것이 좋습니다.

- 확정일자 신청대상(상가건물임대차보호법 적용대상): 환산보증금(보증금 + 월세의 보증금 환산액)이 지역별로 다음 금액 이하일 때만 보호받을 수 있습니다.

| 지역 | 환산보증금 |
|---|---|
| 서울특별시 | 9억 원 |
| 수도권정비계획법에 의한 수도권 중 과밀억제권역, 부산광역시 | 6억9천만 원 |
| 광역시(수도권 과밀억제권역과 군지역 제외, 부산광역시 제외), 안산시, 용인시, 김포시, 광주시, 세종특별자치시, 파주시, 화성시 | 5억4천만 원 |
| 기타지역 | 3억7천만 원 |

(월세의 보증금 환산: 월세 × 100)

## 세알못 – 확정일자 신청 시 구비서류는요?

택스코디 – 다음 서류를 준비해 건물소재지 관할 세무서 민원봉사실에 신청하면 됩니다.

- 신규사업자: 사업자등록신청서, 임대차계약서 원본, 사업허가 · 등록 · 신고필증, 사업장 도면(건물 공부상 구분등기 표시된 부분의 일부만 임차한 경우), 본인 신분증

- 기존사업자: 사업자등록정정신고서(임대차 계약이 변경된 경우), 임대차계약서 원본, 사업장 도면(건물 공부상 구분등기 표시된 부분의 일부만 임차한 경우), 본인 신분증

# 사업자등록신청서
# 작성요령은?

세알못 – 사업자등록은 언제까지 해야 하나요?

택스코디 – 사업자등록은 사업을 시작한 날, 즉 '사업개시'일로부터 20일 이내에 해야 합니다.

제조업체라면 제조를 시작한 날, 서비스업종이면 서비스용역을 공급하기 시작한 날이 사업개시일입니다. 예컨대 빵집이면 매장에서 빵을 굽기 시작한 날부터 20일 안에 사업자등록을 해야 합니다. 이제 막 창업하는 경우, 사업개시 이전이라도 사업자등록 신청을 할 수 있습니다.

사업자등록 신청서에 써넣어야 할 것들은 기본적으로 알고 시작해야 합니다. 특히 업종구분을 적어야 하는데, 자신이 시작할 사업이 어떤 업종으로 구분되는지는 모르는 경우가 대부분이어서 확인이 꼭 필요합니다.

국세청 홈택스에는 표준산업분류표로 정리된 업종코드를 검색하는 기능이 있으니 활용하면 편리합니다. 주업종코드는 사업자의 소득세 계산에 쓰이는 경비율을 결정하는 것이어서 정확히 확인해야 합니다.

또 나의 업종이 관련 법에 따라 허가나 신고, 등록이 필요한 인허가 업종인지도 알아야 합니다. 인허가가 필요한 업종은 인허가증이나 인허가신청서를 첨부해야만 사업자등록이 가능합니다.

### 세알못 – 사업자등록 시 당장 하지 않을 업종까지 추가해도 되나요?

택스코디 – 사업자등록을 할 때, 사업으로 영위할 업종에 대해 주업종과 부업종을 등록하게 됩니다. 따라서 향후 진행할 업종을 부업종으로 보고 추가할 수도 있습니다. 업종 추가에 대한 정해진 제한도 없습니다.

하지만 당장 진행하지 않는 업종은 굳이 추가하지 않는 것이 바람직합니다. 각각의 업종마다 인허가증, 자격증, 계약서 등이 요

콘텐츠 크리에이터 창업 & 세금 신고 가이드북

청되는 등 업종 추가가 제한될 수 있기 때문입니다.

또한 하나의 사업자 번호에는 하나의 업종이 적합합니다. 각종 감면 적용 여부, 경비 구분, 그리고 사업포괄양수도 판단 시 명확하기 때문이죠.

만약 하나의 사업자번호에 여러 개의 업종코드를 등록하고 관리하는 경우에는 해당 부분에 대한 사전에 명확한 정리 및 내부 관리가 이루어져야 한다는 점에 주의해야 합니다.


상호명이나 사업장 주소는 미리 정해두는 경우가 대부분이지만, 그 외에도 사업자등록을 위해 사업자가 결정해야 할 항목들이 많습니다.

우선 사업자등록 신청서에는 일반, 간이, 면세라는 사업자 유형 중 하나를 선택하라는 항목이 나옵니다. 그런데 이 부분 결정을 위해서는 간단하게라도 용어에 대한 이해가 꼭 필요합니다.

먼저 사업자 유형은 부가가치세 납부를 위한 구분인데, 선택에 따라 부가세 신고납부방식과 납부세액이 크게 달라집니다. 대부분 개인사업자는 간이과세로 출발하지만, 초기 투자비용이 많아 부가가치세 환급이 예상되면 일반과세로 시작해야 합니다. 또 사업장의 위치가 간이과세로 시작할 수 없는 간이과세배제지역인지도 확인해야 합니다.

개인으로 시작할지, 법인으로 할지도 미리 결정한 다음 사업자 등록을 신청해야 합니다. 개인과 법인은 작성해야 할 신청서 자체가 다릅니다.

**세알못 – 사업자등록증 대리발급도 가능한가요?**

택스코디 – 부득이한 사정으로 대리발급을 받아야 한다면, 사업자의 신분증 사본을 지참해서 사업자등록 신청서를 작성하면 됩니다.

사업자등록증신청서 서식지 내에 대리인에 대한 사항을 적고 서명해야 합니다. 그리고 대리로 가시는 분의 신분증도 꼭 챙겨가야 합니다.

# 사업용 계좌 신고는
# 언제 해야 하나?

업종별로 복식부기로 장부를 작성해야 하는 의무가 있는 규모의 사업자는 사업용 계좌를 꼭 신고해야 합니다.

농업·임업, 도소매업, 부동산 매매업 등은 연매출, 즉 연간 수입금액이 3억 원 이상이면 사업용 계좌 신고대상이 됩니다. 제조업과 숙박업, 음식점업, 상품중개업 등은 1억5,000만 원 이상, 부동산임대업, 사업지원서비스업, 교육서비스업 등은 연 수입금액이 7,500만 원 이상이면 사업용 계좌를 신고해야 합니다. (단, 의사, 변호사, 세무사 등 전문직 사업자는 수입금액 규모와 상관없이 모두 복식부기 의무자이기 때문에 사업용 계좌 역시 필수가 됩니다.)

사업용 계좌는 사업자가 복식부기의무자에 해당하는 과세기간의 개시일로 부터 6개월 이내에 신고해야 합니다. 예를 들어 2023

년 복식부기의무자에 해당한 경우에는 2023년 6월 말까지 사업용 계좌를 신고해야 합니다.

다만 전문직 사업자의 경우 사업 시작과 동시에 복식부기의무자가 되기 때문에 사업 시작연도의 다음 해 6월 말까지 사업용 계좌를 신고해야 합니다. 2022년 중 사업을 시작한 전문직 사업자는 2023년 6월 말까지 사업용 계좌를 신고하면 됩니다.

사업용 계좌를 변경하거나 추가하는 경우에는 5월 말 종합소득세 확정신고 기한까지 신고해야 합니다. 성실신고확인대상자는 성실신고확인서를 제출하는 6월 말까지 변경신고나 추가신고를 하면 됩니다.

새로 사업용 계좌를 개설하고자 할 때는 은행 등 금융회사에 방문하거나 비대면으로 계좌를 개설할 수 있습니다. 사업자등록증 사본이 있으면 계좌개설이 가능합니다.

사업용 계좌는 필요에 따라 하나의 사업장에 복수의 계좌를 신고할 수 있습니다. 금융회사에서 신규로 개설한 계좌도 되고, 기존에 가지고 있는 계좌도 사업용 계좌로 등록, 신고할 수 있습니다.

사업용 계좌는 세무서에 직접 방문하거나 홈택스 또는 모바일 홈택스 (손택스)에서도 신고할 수 있습니다. 세무서에 방문에서는 사업용 계좌신고서를 작성해서 제출하면 됩니다. 홈택스에서는 신고납부, 일반신고 사업용 계좌 신설 메뉴에서 신고 가능합니다.

사업용 계좌는 사업장별로 신고해야 합니다. 이때, 하나의 사업용 계좌를 여러 사업장의 사업용 계좌로 신고할 수도 있습니다. 다만, 하나의 사업용 계좌를 여러 사업장에 등록해 이용하는 경우에는 사업장별로 사용 내역 등을 따로 관리해야 하는 불편함이 있습니다.

### 세알못 – 외화계좌도 사업용 계좌로 사용 가능한가요?

택스코디 – 사업용 계좌는 사업과 관련된 금융거래를 하는 것으로 거래대금을 외화로 지급하거나 받는 때는 외화계좌도 사업용 계좌로 신고 가능합니다.

### 세알못 – 사업을 위해 일시적으로 사용한 계좌도 신고해야 하나요?

택스코디 – 금융거래할 때에는 반드시 사업용 계좌를 사용해야만 가산세 등 불이익이 없습니다. 일시적인 거래를 위한 계좌라 하더라도 사업용 계좌로 신고해야 합니다.

세알못 – 인건비를 사업용 계좌에서 인출한 뒤 현금으로 지급하면 불이익이 있나요?

택스코디 – 인건비와 임차료를 지급할 때에는 반드시 사업용 계좌에서 상대방 계좌로 입금해야 합니다. 사업용 계좌에서 인출해 현금으로 지급하는 경우에는 가산세 부과 대상이 됩니다. 단, 거래 상대방의 사정으로 인건비 지급을 사업용 계좌로 하기 어려운 경우는 제외됩니다.

세알못 – 사업자등록번호가 없는 인적용역사업자도 신고가 가능한가요?

택스코디 – 보험모집인이나 학원강사 등 인적용역자도 수입금액이 기준금액을 초과하면 복식부기의무자에 해당하고, 사업용 계좌 신고대상이 됩니다. 사업자등록번호가 없는 경우에는 주민등록번호로 사업용 계좌를 신고하면 됩니다.

세알못 – 거래대금을 개인계좌로 받은 다음 사업용 계좌로 이체하면 괜찮나요?

택스코디 – 거래대금을 금융회사 등을 통해 받는 경우 반드시 사업용 계좌를 통해야 합니다. 다른 계좌를 통해 받았다면 사업용 계좌 거래로 인정되지 않아 가산세가 부과됩니다.

세알못 – 사업과 무관한 개인 거래를 사업용 계좌로 해도 되나요?

택스코디 - 사업용 계좌를 통한 개인 거래에 제한을 두지는 않습니다. 단, 개인 거래를 별도로 과세당국에 신고할 필요는 없지만, 사업용 계좌의 거래 내역은 사업상 거래로 인정하고 있으므로 향후 과세당국이 확인하는 경우 사업상 거래가 아닌 개인 거래임을 사업자 본인이 입증해야 합니다.

세알못 – 개인계좌에 연결된 개인카드로 사업용 물품을 구매해도 되나요?

택스코디 – 사업과 관련된 물품대금 지급을 위한 신용카드 결제 계좌는 사업용 계좌를 통해야 하며, 개인계좌를 통하면 가산세 부과 대상이 됩니다. 따라서 물품대금 지급 등 사업과 관련된 신용카드 결제는 반드시 사업용 계좌와 연결된 카드를 사용해야 합니다.

## 세알못 - 사업용 계좌를 사용하지 않으면 사업상 거래로 인정받지 못하나요?

택스코디 - 사업용 계좌를 신고하지 않으면 미신고기간 수입금액의 0.2%와 사용대상 거래금액의 0.2% 중 큰 금액이 가산세로 부과됩니다. 하지만 사업상의 거래가 부인되는 것은 아닙니다.

## 세알못 - 은행에서 사업용 계좌를 만들었는데 신고를 안 하면 가산세를 무나요?

택스코디 - 사업용 계좌는 금융회사 등에서 별도의 사업용 계좌를 개설해야 하는 것이 아닙니다. 기존 통장이나 신규로 개설한 통장을 사업용 계좌로 세무서에 신고하는 것입니다. 따라서 계좌를 만들더라도 신고하지 않으면 가산세가 부과됩니다.

# 사업용 신용카드 꼭
# 등록해야 하나?

세알못 - 부가세 신고 서식지에 사업용 카드, 비사업용 카드를 적는 칸이 있는데, 기준이 무엇인가요?

택스코디 - 먼저 '사업자카드'라는 단어는 카드사 (또는 은행)에서 마케팅 목적으로 만든 단어입니다. 사업자 본인 명의 모든 신용카드는 사업자카드입니다, (단, 사업과 관련된 지출을 했을 경우를 말합니다.)

신고 서식지에 사업용 카드, 비사업용 카드를 분리한 것은 홈택스에 등록된 카드는 사업용 카드, 등록하지 않은 것은 비사업용 카드라고 분류한 것입니다.

사업자등록증 대표자 명의의 신용카드를 홈택스에 등록해놓으면 지출한 내역이 자동으로 등록이 됩니다. 이렇게 하면 추후 세금신고를 할 때 편하게 진행할 수 있고, 본인 사업을 관리하기도 좋습니다.

하나 팁을 말하자면 본인이 사용하는 신용카드 중 하나만 빼서 완전히 사업용으로만 사용하는 것이 좋습니다. 한 달 동안 본인이 지출한 비용을 확인할 때, 내역이 여러 카드로 분산되어 있으면 결산하기 어려워집니다. 특히 사업 초기에는 수익이 없어도 지출은 발생하므로, 이 부분은 처음부터 체크해두고 관리하면 비용처리도 수월하고, 추후 세금신고 시에도 쉽게 일을 처리할 수 있습니다.

그리고 사업 초기에 정기적인 수익이 없을 때부터 장부 쓰는 습관을 기르는 것이 좋습니다. 시간이 많이 지나면 기억하기도 힘들 뿐더러 각종 세금을 내야 하는 시기에 힘들어질 수 있습니다. 수익관리는 본인 수익과 지출을 명확히 파악하는 것에서부터 시작합니다. 엑셀로 지출항목 및 수익항목을 기재해서 매월 결산을 하면 좋습니다. 이렇게만 관리해도 1월, 7월 부가가치세 신고와 5월 종합소득세 신고가 훨씬 수월해집니다.

**세알못 –** 은행에서 사업용 카드나 사업용 계좌로 발급하면, 홈택스에 별도로 등록하지 않아도 국세청에 사업용 카드, 사업용 계좌로 등록되는 것인가요?

택스코디 — 은행에서 사업용 계좌로 계좌를 개설했더라도 국세청에 사업용 계좌로 등록을 해야만 사업용 계좌로 인정됩니다. 아울러 사업용 계좌가 아닌 일반 개인계좌로 개설했더라도 국세청에 사업용 계좌로 등록을 하면 사업용 계좌로 인정이 됩니다.

사업용 신용카드 등록은 개인사업자가 사업에 관련된 물품을 구매하는 데 사용하는 신용카드를 국세청에 등록하는 제도로 사업용 신용카드로 등록하면 부가가치세나 종합소득세 신고 시에 관련 자료를 보다 편리하게 신고할 수 있습니다.

별도로 사업자카드를 발급할 필요가 없이 이미 사용하고 있는 개인용 신용카드를 사업용으로 등록할 수 있습니다. 다만, 사업자가 개인적으로 사용한 비용은 필요경비로 넣을 수 없으므로 카드 사용 내역에 개인적으로 사용한 비용이 함께 발생한 경우에는 종합소득세 등 신고시에 납세자가 직접 사업에 쓴 비용을 추려서 입력해야 합니다. 따라서 사업용 신용카드로 등록한 카드는 사업에 직접적으로 사용하는 비용의 용도로만 사용해야 합니다.

세알못 – 사업용신용카드를 이번에 재발급 받아서 어제 다시 등록했습니다. 다음 달 15일부터 내역 조회가 가능하다고 하는데, 이번 신고기간에 부가세를 신고할 때는 이 내역에 대해서는 공제를 받을 수 없나요?

택스코디 – 이런 경우는 '신용카드매출전표 등 수령명세서'를 수동으로 작성해야 합니다. 사업용 신용카드로 등록되지 않으면 카드사에서 자료를 제출받지 못하기 때문입니다.

세알못 – 3명이 공동대표로 있는 사업장입니다. 메인 대표만 신용카드 등록이 돼 있습니다. 나머지 부대표 2명도 사업용 신용카드를 등록하고 싶은데, 어떻게 해야 하나요?

택스코디 – 공동대표라면 주 대표자와 부 대표자 명의의 카드등록 방법이 다릅니다. 홈택스에 공동대표인 부 대표자의 주민등록번호로 만든 개인 아이디로 회원 로그인해서 등록하면 가능합니다. (참고로 주 대표자의 아이디 또는 사업자등록번호로 만든 아이디로 로그인해서 부 대표자의 카드를 등록하려는 경우에는 '신분확인의 불일치'로 처리되므로 유의해야 합니다.)

콘텐츠 크리에이터 창업 & 세금 신고 가이드북

사업용 신용카드로 등록접수를 하면, 카드사에서 카드명의자 일치 여부를 확인하고 홈택스에 등록을 완료하는 과정을 거칩니다.

카드사로 데이터가 전송되기 전까지는 처리상태가 '등록접수 완료'로 표기되며, 데이터 전송 후에는 '확인요청중', 신청일 다음 달 15일경 등록이 완료되면 '등록완료'로 표기됩니다. 등록완료인 사업용 신용카드의 사용 내역은 등록일이 속하는 월 내역을 다음 달 중순에 조회할 수 있습니다. 만약 카드명의자 오류가 있으면 등록 신청 시 입력한 휴대전화번호로 본인확인 불일치문자를 발송합니다.

# PART 03

# 콘텐츠 크리에이터
# 절세법

# 부가가치세
# 절세비법

# 국내 매출과 해외 매출의 세무처리 어떻게 다른가?

부가가치세는 MCN을 통한 사업자는 프리랜서로 구분되는데, 인적용역은 부가가치세 과세대상이 아니므로 5월에 종합소득세만 신고하면 됩니다. MCN을 통하지 않고 직접 구글로부터 수익을 받는 개인사업자는 부가가치세 과세대상이긴 합니다. 국외로 인적용역을 제공하는 것이기 때문에 영(0)세율을 적용받습니다. 따라서 실질적으로 구글로부터 직접 받는 매출에 대한 부가가치세 부담은 없다고 보면 됩니다. 이때, 내야 할 부가가치세는 없더라도 매입세액공제를 통해 환급이 가능하므로 신고를 반드시 하는 것이 좋습니다.

사업자등록 때 간이과세와 일반과세를 선택하는 부분은 종합적인 판단이 필요합니다. 일반적으로 간이과세를 선호하지만 유튜버들은 달리 볼 필요가 있다고 생각합니다. 앞서 설명한 것처럼 애드센스 광고수익은 영세율이 적용되기 때문에 어차피 매출에 의한 부가가치세 부담이 없다고 본다면, 환급을 받을 수 있는 일반과세자를 선택하는 것이 합리적이라고 보여 집니다.( 영세율을 적용받고 환급받는 것이 가능하기 때문입니다.)

### 세알못 – 국내 매출과 해외 매출의 세무처리가 어떻게 다른가요?

택스코디 – 구글 플레이스토어나 애플 앱스토어와 같은 플랫폼을 통한 매출은 부가가치세법상 용역의 공급에 해당합니다. 당연히 부가가치세 과세대상 매출이죠. 이때, 해외 소비자 대상 매출은 해외 매출, 국내 소비자 대상 매출은 국내 매출입니다.

그런데 해외 매출은 부가가치세 영세율이 적용된다는 특징이 있습니다. 과세대상이지만 세율은 '0'이 적용된다는 것입니다. 국내 매출은 부가가치세 과세대상 용역이고, 해외 매출은 부가가치세 영세율 적용대상 용역이죠.

따라서 국내 매출과 해외 매출은 반드시 구분해서 신고해야 하고, 특히 해외 매출에 대해서는 영세율매출명세서, 외화획득명세서, 스토어별 정산 내역 등 영세율 적용을 위한 서류를 신고 시 함께 제출해야 합니다.

해외 매출의 경우 공급시기에 대한 판단도 다릅니다. 해외 매출은 거래의 대가를 외국통화로 받을 때, 플랫폼의 정산일 등 역무의 제공이 완료되고, 그 공급가액이 확정되는 때를 공급시기로 봅니다. 쉽게 말해 해외 플랫폼에서 지급·정산이 된 시기가 공급시기가 되는 겁니다.

또한, 구글애드몹이나 UNITY ADS를 통한 광고수익을 외화로 수령한 경우에도 국외에 제공한 용역이므로 영세율 적용 매출에 해당합니다. 마찬가지로 영세율 적용을 위해 첨부 서류를 제출해야 합니다.

영세율을 적용하게 되면 부가가치세는 10%가 아닌 0%가 되고, 매출세액 역시 0이 되기 때문에 매입할 때 지출한 매입 부가세는 환급을 받을 수 있게 됩니다.

### 세알못 – 플랫폼에서 떼가는 수수료는 어떻게 구분해야 하나요?

택스코디 – 플랫폼에 등록한 앱이 판매될 때마다 플랫폼별로 결제정책에 따라 각각 다른 서비스 수수료가 부과됩니다.

부가가치세 신고 때에는 순 정산금액이 아닌 이러한 수수료를 차감하기 전 결제총액을 매출로 신고해야 한다는 점을 주의해야 합니다. 플랫폼 수수료는 별도로 경비로 처리하는 것이죠.

# 과세유형에 따라
# 부가가치세 계산은
# 달라진다

일반과세자는 공급가액의 10%를 부가가치세로 내야 합니다. 더불어 매입세액을 전액 공제받을 수 있고 세금계산서 발급도 가능합니다. 여기서 공급가액이란 일반과세자의 과세표준이 되는 부가가치세가 포함되지 않은 물건이나 서비스를 제공한 대가를 말합니다.

연 매출이 8,000만 원 미만이면 간이과세자에 해당합니다. 유튜버나 인플루언서 등 1인 미디어가 된 지 얼마 안 됐거나 오랫동안 미디어 플랫폼을 운영했어도 수익이 적은 경우입니다.

간이과세자는 공급대가에 업종별 부가가치율과 10%를 곱한 값이 부가가치세로 결정됩니다. 특히 간이과세자 중 '미디어콘텐츠 창작업'의 업종별 부가가치율은 30%죠. 일반과세자와 비교했을 때 내야 할 부가가치세는 훨씬 줄어듭니다. 공급대가란 간이과세자의 과세표준이 되는 부가가치세가 포함된 물건이나 서비스를 제공한 대가를 뜻하죠.

아울러 해당연도 공급대가 합계액이 4,800만 원 미만인 간이과세자라면 부가가치세를 낼 필요가 없습니다. 부가가치세 납부의무가 면제되기 때문이죠.

<1인미디어 창작자 부가가치세 비교>

| 일반과세자 | 구분 | 간이과세자 |
|---|---|---|
| 연 매출 8,000만 원 이상 | 적용기준 | 연 매출 8,000만 원 미만 |
| 공급가액 × 10% | 매출세액 | 공급대가 × 30% (미디어콘텐츠 창작업 업종별 부가가치율) × 10% |
| 발급 가능 | 세금계산서 | 직전연도 공급대가 합계액 4,800만 원 이상은 발급 가능 |
| 전액 공제 | 매입세액공제 | 공급대가 × 0.5% |
| 환급 가능 | 환급여부 | 환급 불가 |

일반과세자는 매년 1월과 7월, 1년에 두 번 사업장의 소재지를 관할하는 세무서나 홈택스를 통해 부가가치세를 신고·납부해야 합니다. 두 번으로 나눠진 과세기간에 따라 부가가치세 신고 및 납부기한이 달라지니 기간을 꼭 기억합시다.

콘텐츠 크리에이터 창업 & 세금 신고 가이드북

간이과세자는 1년 치 (1월~12월) 부가가치세를 다음 해 1월 1일부터 25일 사이에 딱 한 번만 신고하고 납부하면 됩니다.

만약 전년도 매출액이 4,800만 원 이상 8,000만 원 미만인 간이과세자가 부가가치세 예정부과 기간인 1월 1일부터 6월 30일 안에 세금계산서를 발급했다면 7월 1일부터 25일까지 예정신고하면 됩니다.

유튜브에서 설정한 수익 지급 기준액은 100달러입니다. 내가 제작한 영상 콘텐츠로 100달러 이상의 수익이 누적되면 해당 시점부터 수익을 정산 받을 수 있게 됩니다. 원칙적으로 유튜브를 운영하면서 수익이 나면 세금신고를 해야 합니다.

다시 말하지만, 단순 1회성이 아니라 계속적이고 반복적으로 영상 콘텐츠를 올려 수익이 발생하면 사업자등록이 필수입니다. 등록시 본인 신분증, 사업장 임대차계약서, 사업자등록 신청서를 제출하면 됩니다.

### 유튜버 - 사업자등록을 하면 좋은점은 무엇인가요?

택스코디 - 사업자등록 여부에 따라 부가가치세 세액에 차이가 생기기 때문에 등록하는 것이 좋습니다.

예를 들어 유튜버 A씨가 2023년 1월 1일부터 6월 30일까지 제작한 콘텐츠에서 발생된 수익이 5만 달러 (한화 6,000만 원 정도)이고, 사무실 임차료로 1,100만 원(부가가치세 포함)을 지급하고 세금계산서를 받았다고 가정합시다. A씨가 사업자등록을 한 경우에는 영세율이 적용돼서 임차료 부가가치세로 낸 100만 원을 환급받을 수 있지만, 미등록 시에는 부가가치세 환급을 못 받고, 오히려 가산세로 90만 원 ( 미등록가산세 1%, 60만 원 + 무신고가산세 0.5%, 30만 원 )의 세금이 부과될 수 있습니다.

참고로 해외 플랫폼인 유튜브에서 외화로 받는 수익은 부가가치세를 신고할 때 0%의 세율인 영세율이 적용됩니다. 따라서 촬영 장비 구입, 사업자 임차 시 부담한 부가가치세는 환급받을 수 있습니다. (간이과세자는 환급 불가) 그 이외 국내에서 발생하는 매출은 10%의 세율을 적용해 부가가치세 신고를 하면 됩니다.

# 먹방 유튜버의 식비는
# 매입세액공제가 가능하다

사업자라면 사업 운영 외에도 중요하게 신경 써야 할 것이 있습니다. 바로 세금입니다. 벌어들인 소득에 대해서는 소득세를 스스로 신고 납부해야 하고, 매출과 매입에 대해서는 부가가치세를 계산해서 내야 합니다. 심지어 소득이나 매출이 없더라도 각종 신고는 해야 하죠.

부담을 덜기 위해 세무 대리를 맡긴다고 하더라도 세금과 관련한 책임이 사라지는 것은 아닙니다. 세무대리인을 고용하더라도 결국 세금신고와 납부의 최종 책임은 사업자가 져야 하기 때문이죠. 세금에 대해 기본적인 지식을 알고 사업을 시작하는 것과 모르고 시작하는 것에는 큰 차이가 있습니다.

굳이 중요한 것 하나만 꼽자면 거래 과정에서 세금계산서 수취를 잊지 않아야 합니다. 세금계산서를 받아야 부가가치세 매입세액을 공제받을 수 있기 때문입니다.

아울러 사업을 하다 보면 평소 거래하지 않던 거래처에서 시세보다 싸게 물품을 팔 테니 거래하겠냐는 제의를 받는 경우가 있습니다. 이럴 때는 거래 상대방이 정상 사업자인지, 발급한 세금계산서에는 문제가 없는지 확인해야 합니다. 거래 상대방이 폐업 사업자이거나 거래 상대방 본인이 아닌 차명으로 발행되었을 때에는 세금계산서를 발행받았을지라도 매입세액을 공제받을 수 없습니다.

최근 유튜버의 수는 계속 증가하고 있습니다. 사업자등록을 하는 순간 유튜버는 부가가치세, 종합소득세 신고, 납부의 의무를 갖게 됩니다.

유튜버는 해외 (구글 애드센스)로 부터 외화(달러)를 벌어들이기에 수출업자와 같은 영세율이 적용됩니다. 그러기에 만약 사업자등록을 한다면 간이과세사업자가 아닌 일반과세사업자로 하는 것이 득이 됩니다. 영세율이 적용되기에 방송에 관련한 경비는 부가가치세 환급이 가능합니다.

세알못 – 먹방을 진행하는 유튜버의 식비는 부가가치세 매입세액공

콘텐츠 크리에이터 창업 & 세금 신고 가이드북

제가 가능한가요?

택스코디 — 대표자 본인의 식비는 부가가치세 매입세액공제가 불가능하지만 먹방 유튜버의 식비는 사업에 관련한 경비이므로 매입세액공제가 가능합니다. 촬영을 위한 식비의 경우에는 적격증빙은 기본적으로 필요합니다.

세알못 — 사업자등록 전에 지출한 비용도 부가가치세 매입세액공제가 가능한가요?

택스코디 — 사업자등록 전 매입세액은 과세기간 종료일로부터 20일 이내에 사업자등록을 신청한 경우, 공급시기가 속하는 과세기간의 개시일로 부터의 매입은 공제 가능합니다.

예를 들어 2024년 1월 20일까지 사업자등록을 한다면, 2023년 7월 1일 이후의 매입세액에 대해서 매입세액 공제 가능합니다.

세금계산서, 신용카드매출분, 현금영수증 등 적격증빙에 표시된 부가가치세 분리기재분을 매입세액공제 가능하고, 세금계산서에는 주민등록번호, 성명, 주소를 기재하면 됩니다.

세알못 — 콘텐츠 특성상 출장이 잦고, 접대비가 많이 듭니다. 이런 것들은 부가가치세 매입세액공제가 가능한가요?


택스코디 – 접대비, 교통비, 비영업용 소형승용차 등의 구입, 임

차, 유지비 등은 조세 정책적으로 매입세액공제가 되지 않습니다.

다음과 같습니다.


**<조세 정책적으로 매입세액공제를 받지 못하는 경우>**

1. 접대비 및 이와 유사한 비용의 매입세액

2. 교통비 등 영수증 발행업종 관련 매입세액

3. 비영업용 소형승용차의 구입과 임차 및 유지에 관한 매입세액

4. 간이과세자나 면세사업자로부터 매입한 것

# 매입자발행
# 세금계산서란?

세알못 – 건물주가 월세 세금계산서 발행을 거부하는데, 이럴 땐 어떻게 해야 하죠?

택스코디 – 내가 직접 세금계산서 발행을 할 수 있습니다.

'매입자발행 세금계산서 제도'를 이용하면 됩니다. 일반 과세사업자인 공급자가 부가가치세 과세대상 거래 후 그에 대한 세금계산서를 발행하지 않은 경우, 매입자가 세무서에 해당 거래 사실을 확인받아 직접 세금계산서를 발행하고 매입세액공제를 받을 수 있습니다. 이것을 매입자발행 세금계산서라고 하며 일반과세자로부터 공급받은 모든 사업자는 매입자발행 세금계산서 신청이 가능합니다.

세금을 줄이기 위해서 가장 중요한 것 중 하나가 비용처리를 위한 세금계산서죠. 거래처가 세금계산서를 제대로 발행해주지 않는 경우 곤란한 상황이 생깁니다. 종전에도 '매입자발행세금계산서'제도는 있었습니다. 공급자가 세금계산서를 발행하지 않는 경우, 매입자가 증빙 자료를 지참해 관할 세무서장의 확인을 받으면 발행할 수 있습니다. 그렇지만 부도·폐업 등의 이유로 세금계산서를 받지 못한 경우에는 매입 사실을 입증하기 어려웠죠. 이런 점을 고려해 2023년 7월 1일 공급분부터 공급자가 부도나 폐업 등을 이유로 세금계산서를 발행하지 않아도 관할 세무서의 확인하에 매입자가 발행할 수 있습니다.

- 매입자발행 세금계산서: 매입자가 발행하는 세금계산서

\* 신청 방법: 홈택스 홈페이지의 '신청/메뉴→일반 세무서류 신청 → 매입자발행 검색 → 서류'로 들어가 다운로드해 작성 후 신청

매입자발행세금계산서 발급 절차는 세금계산서를 발급 받지 못한 재화나 용역의 공급시기가 속하는 과세기간의 종료일부터 6개월 이내에 거래 사실 확인신청서 (거래 사실 입증자료 첨부)를 신

청인 관할 세무서에 제출해야 합니다.

거래 사실을 입증할 책임은 매입자에게 있으므로 증빙자료 (대금결제 내역, 영수증, 거래명세표 등)를 확보해야 합니다. 또 거래 건당 공급대가 (부가가치세 포함)가 10만 원 이상이어야 가능합니다.

# 비영업용 승용차의
# 구입, 임차, 유지와 관련된
# 매입세액은?

세알못 – 일반과세자입니다. 차량 렌트를 하게 되면, 세금 감면에 조금이나마 혜택이 있을까요?

택스코디 – 많은 사람이 '사업자는 차를 리스 또는 렌트로 구매해야 비용처리가 된다'라는 잘못된 상식이 있습니다.

결론부터 말하자면 차종이 중요합니다. 구매방식은 중요하지 않습니다. 아래에 해당하는 차종이면 할부, 리스, 렌트 어떤 형태로 구매를 해도 부가가치세 매입세액공제가 가능합니다.

부가가치세가 매입세액공제가 가능한 차량은 개별소비세가 부과되지 않는 차량 (경차, 화물차, 9인승 이상의 승합차)입니다. 해당 차종일 경우에는 유류비, 수리비 등도 부가가치세 매입세액공제가 가능합니다.

부가가치세 매입세액공제가 가능한 차량을 구매하면 좋습니다. 경차(1,000cc 이하) 또는 9인승 이상 승합차, 화물차, 밴 그리고 2륜차 (125cc이하)의 사업용 차량의 경우 구입과 유류비, 수리비 등 차량 관련 부가가치세 공제가 가능합니다. 이런 사업자 차량을 구매한다면 필히 '매입세액공제'를 받아야 합니다.

자, 이제 사업용 자동차에 대해 잘못 알려진 몇 가지 오해를 풀어보려고 합니다.

### 1. 출퇴근이나 다른 용무에 사용하는 자동차는 세법상 비용처리가 안 된다?

세법에서는 출퇴근할 때 이용하는 차량도 업무용 자동차로 인정하고 있습니다. 또한, 연간 차량관련 비용이 1대당 1,500만 원이 넘지 않는다면 100% 업무용으로 사용을 인정하고 있으므로 특별한 사유가 없다면 대부분 비용처리가 가능합니다.

### 2. 자동차를 렌트하는 게 비용처리에 더 유리하다?

세법에서는 사업용 자동차 구매방식에 제한을 두고 있지 않습니다. 비용처리 하는 방식도 모두 비슷하므로 렌트하는 방식이 가장 비용처리에 유리하다는 말은 옳지 않습니다.

### 3. 승용차는 사업용 차량으로 등록이 불가능하다?

승용차도 사업용 차량으로 등록해 종합소득세 신고 시 비용 처리가 가능합니다. 단, 경차, 9인승 이상 승합차, 화물차와 달리 자동차 보험, 비용처리 한도 등 별도의 규정이 있어 제한은 있습니다.

앞서 말했듯 사업용 자동차를 구매하는 방법은 구입 (일시불, 할부), 리스, 렌트 3가지로 나눌 수 있습니다. 어떤 방법 하나가 특별하게 유리한 게 아니라 각각의 장단점이 있어서 상황에 맞는 선택이 중요합니다. 다음을 참고하면 좋습니다.

- 구매 시 초기비용 – 일반적으로 자동차를 구입 (일시불, 할부)하는 경우에는 취득세 등 초기비용이 발생합니다. 리스, 렌트는 소유권(명의)이 넘어오지 않아 초기비용이 발생하지 않습니다.

- 자동차 보험 가입 – 자동차 보험의 경우 구입과 리스를 하게 되면 구매자가 가입 및 부담을 합니다. 렌트의 경우 자동차 회사가 가입하고 부담하는 형태입니다. 또한 렌트하는 경우 사고가 나더라도 자동차 보험료 인상에 영향을 받지 않습니다.

- 직원들이 쓰는 자동차인 경우 – 직원들이 이용하는 차량은 일반적으로 사고율이 높은 편입니다. 따라서 사고로 인한 보험료 인상이 관련 없는 자동차 렌트를 추천합니다.

- 합리적인 가격으로 구매하고 싶은 경우 – 자금에 여유만 있다면 자동차를 가장 합리적인 가격으로 구매하는 방법은 일시불로 차량을 구매하는 겁니다. 그러나 여유가 없다면 할부로 취득하거나 월 이용료에 부가가치세 붙지 않는 리스로 구매하는 것이 좋죠.

- 자동차 교체주기가 빠른 경우 – 자동차 교체주기가 빠른 경우 차량 구매 후 초기 5년 동안 중고차 가격 하락이 가장 심하므로 차량을 리스하거나 렌트하는 것이 좋습니다.

정리하면 차량은 내가 처한 상황과 목적에 따라 구매하는 게 좋습니다. 직원용 차량이라면 렌트로 이용하는 게 좋고, 그 외 대표자가 업무용으로 5년 이내의 교체주기에 따라 사용한다면 리스 또는 렌트가 좋습니다. 교체주기가 5년 이상 장기라면 구매자금 상황에 따라 일시불로 구매하거나 할부로 사는 것이 좋습니다.

# 유튜버,
# 부가가치세 환급
# 매커니즘은?

부가가치세는 매출세액에서 매입세액을 빼서 계산합니다. 여기에서 음수(-)의 금액이 발생하면 그 금액만큼 환급을 받게 됩니다. 단, 면세사업자는 부가가치세 납부의무가 없으므로 따로 환급을 받을 수 없습니다.

- 부가가치세 = 매출세액 - 매입세액, (매출액 × 10% = 매출세액, 매입액 × 10% = 매입세액)

그런데 유튜브 광고 매출은 해외 수입으로 '영세율 (0의 세율)'이 적용됩니다. 그러므로 '매출액 × 0% = 0원, 따라서 내야 하는 부가가치세는 발생하지 않는 구조입니다. 일반과세자 유튜버의 부가가치세 계산법은 다음과 같습니다.

콘텐츠 크리에이터 창업 & 세금 신고 가이드북

- 부가가치세 = 매출세액 (매출액 × 0%) − 매입세액 (매입액 × 10%)

세알못 − 일반과세사업자 유튜버입니다. 과세기간 매출액은 5천만 원이고, 사업에 관련한 경비를 1,100만 원(세금계산서 수취분) 사용했습니다. 그럼 부가가치세는 얼마를 환급받나요?

택스코디 − 다음과 같습니다.

- 매출세액 (영세율) = 5,000만 원 × 0% = 0원
- 매입세액 = 매입액 × 10% = 1,000만 원 × 10% = 100만 원
- 부가가치세 = 매출세액 − 매입세액 = −100만 원, 따라서 환급세액: 100만 원

따라서 유튜버가 사업자등록을 하는 것이 꼭 손해 보는 상황은 아니라는 것을 알 수 있습니다. 카메라, 마이크, 컴퓨터 등 기타 촬영에 필요한 물건 구매 시 10%의 매입세액을 환급받을 수 있으므로, 유튜브뿐만 아니라 구글 애드센스 광고를 통해 수익이 발생하는 사람이라면 꼭 일반과세자로 사업자등록을 해서 부가가치세를 환급받는 것이 유리합니다. (간이과세사업자는 환급이 발

생해도 환급을 받을 수 없으니 주의해야 합니다.)

그리고 이때 신고하는 매출은 영세율이 적용돼서 부가가치세는 내지 않지만, 이때 신고하는 매출은 결과적으로 1년 소득이 돼서 다음 해 종합소득세 신고 시 기준이 된다는 점은 꼭 알아둬야 합니다.

세알못 – 유튜버입니다. 만약 사업자등록을 하지 않으면 어떤 불이익이 있나요?

택스코디 – 원칙적으로 국내에서 사업을 하려면 사업자등록은 선택이 아니고 의무이므로, 꼭 사업자등록을 해야 하고, 사업자등록을 하지 않고 사업을 할 때는 사업자 미등록가산세가 부과됩니다.

위 사례와 같이 매출액 5천만 원을 기준으로 예를 들어보면, 사업자등록을 한 경우 1백만 원을 환급받을 수 있는데, 사업자등록을 하지 않았다면 가산세만 75만 원을 내야 합니다. 가산세 세부 내역은 다음과 같습니다.

• 사업자 미등록가산세: 매출액의 1%

5,000만 원 × 1% = 50만 원


• 영세율 과세표준 무신고가산세: 미신고액의 0.5%

　5,000만 원 × 0.5% = 25만 원


정리하면, 매출액 5천만 원을 기준으로 가정했을 때, 사업자등록을 했다면 1백만 원을 환급받을 수 있는데, 사업자등록을 하지 않았으므로 가산세만 75만 원을 내야 합니다.

# 종합소득세
# 절세비법

# 종합소득세
# 계산 구조는?

급여만으로 생활하는 직장인은 연말정산을 했으므로 종합소득세 신고를 하지 않지만, 추가 수입이 있거나 사업소득 등이 있으면 5월에 종합소득세 신고를 해야 합니다.

종합소득세를 구하는 계산법은 '과세표준 × 세율'입니다. 누진세율이 적용되므로 과세표준의 크기에 따라 최소 6%부터 최대 45%까지 적용됩니다.

과세표준은 여섯 가지 소득의 항목을 각각 계산해야 하고, 항목마다 공제되는 내용이 다릅니다. (기본 구조를 이해하면 종합소득세를 계산하는 것은 생각만큼 어려운 일은 아닙니다.)

과세표준은 6가지 소득금액을 합산한 것인데, 이때 소득금액이란 소득에서 경비를 공제하고 남은 금액을 말합니다. (소득금액

= 소득 − 필요경비) 아래를 참고하세요.

- 이자소득 = 이자소득금액
- 배당소득 + 배당가산액 = 배당소득금액
- 사업소득 − 필요경비 = 사업소득금액
- 근로소득 − 근로소득공제 = 근로소득금액
- 연금소득 − 연금소득공제 = 연금소득금액
- 기타소득 − 필요경비 = 기타소득금액

6가지 소득금액을 합산했으면 이제 소득공제를 받을 차례입니다. 기본공제, 추가공제, 특별공제 등 각자 상황에 맞게 소득공제를 받고 나면 종합소득세 과세표준이 결정됩니다.

**종합소득금액 − 소득공제 = 과세표준**

이제 산출된 과세표준에 세율을 곱하면 종합소득산출세액이 나옵니다.

**과세표준 × 세율 = 산출세액**

종합소득산출세액에서 다시 각종 세액공제 항목을 뺍니다. 그런데 신고를 불성실하게 했거나 제대로 납부하지 않는 등의 문제가 있으면 가산세가 붙는데 이를 더하면 종합소득 결정세액이 계산됩니다.

**산출세액 - 세액공제 = 결정세액**

마지막으로 결정세액에서 기납부세액 (원천징수세액 또는 중간예납액) 등 이미 낸 세액을 빼고 나머지 금액을 납부하면 됩니다. 챙겨야 할 항목들이 많아 조금 어렵게 보일 수 있으나 기본 구조를 이해하고 활용하면 그만큼 세금은 줄어들게 됩니다.

# 소득과 소득금액의
# 개념을 구분하자

　소득과 소득금액의 개념을 구분할 필요가 있습니다. 많은 사람이 두 용어의 개념을 모르는 상태에서 소득과 소득금액을 같은 의미로 쓰곤 합니다. 아니면 소득금액을 써야 할 자리에 소득을 쓰는 반대의 경우도 나타납니다. 두 용어의 의미는 완전히 다릅니다.

　소득은 '번 돈'이고 소득금액은 '남은 돈'입니다. 그리고 여기에 더해 한 가지 의미를 더 알자면 비용이 있습니다. 비용은 돈을 '벌기 위해 쓴 돈'을 말합니다.

**소득금액 = 소득 (수입금액) - 비용 (필요경비)**

　소득은 특정 경제주체가 번 돈입니다. 직장인이라면 회사로부

　　　　　콘텐츠 크리에이터 창업 & 세금 신고 가이드북

터 받는 급여가 소득입니다. 사업자는 재화 또는 용역을 공급한 대가로 고객으로부터 받는 돈이 소득입니다. 콘텐츠 크리에이터로 활동하는 프리랜서라면 거래 상대방에게 특정 업무 제공의 대가로 받는 금액이 소득입니다. 정리하면 소득은 누군가 일정 기간 '번 돈'입니다.

돈을 벌기 위해서는 돈이 필요합니다. 월급을 벌기 위한 직장인의 지출에는 출퇴근 교통비, 옷 구입비, 식사비용 등이 있습니다. 건강 유지를 위한 보험료와 병원비도 여기에 포함됩니다. 또 생활을 위해 신용카드로 다양한 지출을 합니다. 직장인이 1년에 한 번 수행하는 연말정산은 1년 동안 벌어들인 수익창출을 위해 지출한 비용을 집계하는 과정입니다. 보험료, 의료비, 교육비, 신용카드 사용액, 주택저축 지출액 등 많은 항목의 핵심은 지출된 비용이 얼마인지 파악하는 것입니다.

제조업을 영위하는 사업자라면 물건 제조를 위한 재료비, 인건비, 제작 비용 등이 필요합니다. 사무실 임차료, 보험료, 소모품비, 차량유지비 등 이외에도 지출되는 비용의 종류는 다양합니다.

어떤 물건을 팔아 소득을 창출하기 위해서는 일정한 비용이 지출됩니다. 비용 또한 지출, 원가 등 다양한 용어로 쓰입니다. 정리하면 비용은 돈을 '벌기 위해 쓴 돈'이라 생각하면 됩니다.

번 돈에서 쓴 돈을 빼면 남은 돈이 소득금액 (이익)입니다. 즉, 소득금액은 소득에서 비용을 뺀 것입니다. 만약 쓴 돈이 번 돈보다 많으면, 즉 비용이 소득보다 크다면 손실이 생긴 것입니다.

콘텐츠 크리에이터로 활동하는 유튜버의 소득세 신고는 다른 업종과 비교해 필요경비 입증이 유리한 특징이 있습니다. 일반적인 업종은 퇴근 시간 이후나 주말 사용분은 경비 인정이 어렵지만, 유튜버들은 하는 일이 모두 동영상으로 노출되고 기록되므로 필요경비 적용이 훨씬 수월합니다. 다만 가족이나 지인들끼리 모여서 콘텐츠를 제작하는 등의 사례가 많아서 인건비 처리를 하지 않는 때도 있는데, 이런 부분은 정확한 수익 배분과 인건비 처리가 필요합니다.

세금 신고에 있어 비용은 매우 중요합니다. 세금은 번 돈이 아닌 번 돈에서 벌기 위해 쓴 돈(비용)을 차감한 순수익을 기준으로 계산되므로 비용이 많으면 많을수록 세금은 줄어드는 구조이기 때문입니다.

사업을 하다 보면 인건비, 임대료, 재료비, 카드수수료 등 수많은 비용을 지출하는데, 사업 운영과 관련된 지출이라면 일단 비용으로 봐도 무방합니다. 비용으로 인정받기 위해서는 다음 세 가지의 기준을 충족해야 합니다.

1. 사업 운영과 관련된 비용이어야 합니다.
2. 해당 비용 지출에 대한 증빙을 수취해야 합니다.
3. 증빙을 기준으로 장부를 작성해야 합니다.

장부 및 증빙 관리는 아무리 강조해도 지나치지 않습니다. 장부 및 기장 관리에 대해서는 세부적인 지침을 만들어 시행하도록 합시다. 세무대리인에게 기장을 맡기더라도 지침에 의한 점검이 필요합니다.

# 세율을 알면
# 절세가 보인다

세율은 크게 비례세율, 누진세율 두 가지로 구분합니다. 물건값의 크기에 상관없이 무조건 10%를 부과하는 부가가치세가 비례세율의 대표적인 예입니다.

누진세율 (기본세율이라고도 합니다.)은 과세표준 크기에 따라 세율이 달라집니다. 종합소득세나 양도소득세 등에서 채택하고 있습니다. 다음과 같습니다.

< 2023년 종합소득세 누진공제표 >

| 과세표준 | 세율 | 누진공제액 |
|---|---|---|
| 1,400만 원 이하 | 6% | |
| 1,400만 원~5,000만 원 이하 | 15% | 126만 원 |
| 5,000만 원~8,800만 원 이하 | 24% | 576만 원 |

콘텐츠 크리에이터 창업 & 세금 신고 가이드북

| 8,800만 원~1억 5천만 원 이하 | 35% | 1,544만 원 |
| 1억 5천만 원~3억 원 이하 | 38% | 1,994만 원 |
| 3억 원~5억 원 이하 | 40% | 2,594만 원 |
| 5억 원~10억 원 이하 | 42% | 3,594만 원 |
| 10억 원 초과 | 45% | 6,594만 원 |

과세표준이 6천만 원일 때, 종합소득세를 계산해 봅시다. 아래 두 가지 방법으로 계산할 수 있고, 계산 값은 같습니다.

1. 구간별 합산: 1,400만 원 × 6% + (5,000만 원 - 1,400만 원) × 15% + (6,000만 원 - 5,000만 원) × 24% = 864만 원

2. 누진공제표: 6,000만 원 × 24% - 576만 원 = 864만 원

(누진공제란 산출세액을 계산할 때 과세표준에 세율을 곱한 금액에서 차감하는 금액을 말합니다. 이렇게 차감을 해야 정확한 산출세액이 결정됩니다.)

세알못 - 여럿이서 사업을 같이하면 세금도 좀 줄일 수 있을까요?

택스코디 - 결론부터 말하면 소득세를 줄일 수 있습니다.

소득세를 줄이려는 목적으로 공동사업을 하는 경우가 많습니다. 공동사업자로 시작하면 정해진 지분 비율만큼만 매출이 신고됩니다. 예를 들어 공제를 모두 뺀 후 과세표준이 1억 원이라고 하면 소득세 세율은 35% (누진공제 1,544만 원)이 적용되어 내야 할 세금은 1,956만 원 (1억 원 × 35% - 1,544만 원)입니다.

그런데 공동사업자(지분 50:50)라면 각각 한 사람씩 계산되기 때문에, 각자의 과세표준 금액은 5천만 원이 됩니다. 5천만 원일 때 세율은 15% (누진공제 126만 원)로 낮아지므로 소득세는 624만 원 (5천만 원 × 15% - 126만 원)이 됩니다. 따라서 두 사람의 세금을 더하면 1,248만 원으로, 단독사업자일 때 보다 717만 원이 줄어들게 됩니다.

사업을 같이하는 파트너인 공동사업자와 갈등 없이 사업을 지속해나갈 자신이 있다면 공동사업자로 사업을 운영하는 것이 절세에 많은 도움이 될 것입니다.

# 소득공제를 알면
# 절세가 보인다

소득이 발생하기 위해서는 비용이 들어감을 인정하여 '세금 부과 대상이 되는 소득을 줄여주는 것'을 소득공제라고 합니다. 대표적으로 인적공제, 추가공제, 국민연금보험료공제 등이 여기에 속하며, 소득금액에서 이러한 항목들을 조항에 맞추어 계산하여 뺀 값이 과세표준이 됩니다.

**소득금액 - 소득공제 = 과세표준**

소득공제를 받을 수 있는 대상이 있음에도, 몰라서 혹은 실수로 소득공제를 받지 못하는 경우도 종종 발생합니다. 소득공제를 잘 활용하면 종합소득세를 줄일 수 있습니다.

가족을 부양한 만큼 소득에서 일정 금액을 공제받습니다. 본인을 포함해 배우자, 직계존속, 직계비속, 형제자매가 기본공제 대상입니다.

부양가족 요건을 갖추면 기본공제로 1인당 150만 원을 소득공제 받습니다. 기본공제에서 추가로 더 공제를 받을 수도 있습니다. 기본공제 대상인 부양가족이 장애인 (1인당 200만 원)이거나 고령자 (1인당 100만 원) 라면 해당합니다.

배우자가 없는 여성은 부녀자공제(100만 원), 배우자 없이 자녀를 키우고 있는 근로자는 한부모공제(100만 원)를 추가공제 받을 수 있습니다.

참고로 부양가족 인적공제 소득요건은 연소득 100만 원 이하, 근로소득만 있다면 총급여 500만 원 이하입니다.

## &lt;부양가족공제 요건과 공제금액&gt;

| 공제구분 | 부양가족 | 나이요건 | 소득요건 | 동거요건 | 공제금액 |
|---|---|---|---|---|---|
| 기본공제 | 본인 | 없음 | 없음 | 없음 | 1명당 150만 원 |
| | 배우자 | 없음 | 연환산 소득금액 100만 원 이하 (근로소득만 있는 경우 총 급여 500만 원 이하) | 없음 | |
| | 직계존속 | 만 60세 이상 | | 주거 형편상 별거 허용 | |
| | 직계비속 | 만 20세 이하 | | 없음 | |
| | 장애인 직계비속의 배우자 | 없음 | | 없음 | |
| | 형제자매 | 만 60세 이상, 20세 이하 | | 주민등록 동거(일시 퇴거 허용) | |

- **2022년 귀속 종합소득세 기준, 나이 요건 판단 기준**

- **만 60세 이상: 1962년 12월 31일 이전 출생자**

- **만 20세 이하: 2002년 1월 1일 이후 출생자**

| | | | |
|---|---|---|---|
| 추가공제 | 장애인 | 기본공제대상자 중 장애인 | 1명당 200만 원 |
| | 경로우대 | 기본공제대상자 중 만 70세 이상인 자 | 1명당 100만 원 |
| | 부녀자 | 배우자 없고 부양가족이 있는 여성근로자 세대주 (배우자 있는 경우는 근로소득 3천만 원 이하) | 100만 원 (배우자 있는 경우 50만 원) |
| | 한부모 | 배우자 없고 20세 이하 | 100만 원 |

- 2022년 귀속 종합소득세 기준, 만 70세 이상: 1952년 12월 31일 이전 출생자

직계존속이 주거의 형편에 따라 별거하고 있는 경우에도 직계존속이 독립된 생계 능력이 없어 사업주가 실제로 부양하고 있는 경우에는 기본공제를 받을 수 있습니다.

세알못 – 부양가족으로 배우자, 자녀 3명 (만 20세 자녀 1명, 만20세 이하 자녀 2명), 부모님 두 분 모두 만 60세 이상입니다. 배우자는 연봉이 2,000만 원입니다. 기본공제를 얼마나 받나요?

택스코디 – 배우자를 제외한 모든 가족은 기본공제를 받을 수 있습니다. 배우자는 총급여액이 500만 원 이상이므로 제외됩니다.
따라서 150만 원 × 6명 (본인, 부모님 2분, 자녀 3명) = 900만 원을 기본공제 받을 수 있습니다.

세알못 – 8월에 이혼을 했습니다. 배우자 공제(소득이 없는 배우자)가 가능한가요?

택스코디 – 공제대상 여부 판정 기준일은 과세기간 종료일 (매년

12월 31일)을 기준으로 합니다. 그러므로 기본공제를 받을 수 없습니다.

반대로 혼인 신고의 경우에는 반드시 12월 31일까지 혼인 신고를 해야 기본공제가 가능하고, 사망의 경우에는 사망일 전일을 기준으로 판단합니다. 따라서 배우자가 1월 2일 사망했다면 기본공제를 받을 수 있습니다.

**세알못 – 국민연금을 받는 부모님도 부양가족공제가 가능한가요?**

택스코디 – 일반적으로 종합소득세 신고 시 기본공제자로 등록할 수 있는 기준은 연간소득금액 100만 원 이하인데, 연간 노령연금 수령액이 약 516만 원 이하일 때 연금소득공제 416만 원이 차감되어 연금소득금액은 100만 원으로 계산되어 부양가족 기본공제자로 등록할 수 있습니다.

참고로 2001년 이전 가입 기간에 따른 국민연금 노령연금액은 과세 제외 소득입니다. 따라서 2002년 1월 1일 이후 가입 기간에 낸 연금 보험료 몫으로 돌려받는 노령연금과 반환일시금만 과세대상입니다. 또한, 비과세소득에 해당하는 장애연금과 유족연금도 과세기준금액에서 제외됩니다. (정확한 과세대상 연금액이 궁금한 사람은 국민연금공단 전자민원서비스나 콜센터 1355로 문의하면 확인 가능합니다.)

........................

    연간소득금액은 연금소득 외에 근로소득금액, 사업소득금액, 기타소득금액, 이자 · 배당소득금액과 퇴직소득금액, 양도소득금액까지 포함되기 때문에 이 금액의 총합이 100만 원 이하인지 꼭 확인해야 합니다.

**<연간환산소득금액 100만 원 이하 예시>**

| 소득종류 | | 연간소득금액 100만 원 이하 예시 | 비고 |
|---|---|---|---|
| 종합<br>소득 | 이자/<br>배당소득 | 금융소득합계액이 연 2천만 원 이하(분리과세 된 경우) | |
| | 근로소득 | 일용근로소득: 소득금액과 관계없이 기본공제 신청 가능, 총급여액 500만 원 이하 | 일용근로소득은 분리과세되므로 |
| | 사업소득 | 사업소득금액 100만 원 이하<br>총수입금액이 2천만 원 이하인 주택임대소득(분리과세를 선택한 경우) | |
| | 기타소득 | 기타소득금액 300만 원 이하 (분리과세를 선택한 경우) | |
| | 연금소득 | 공적연금: 약 516만 원 이하<br>사적연금: 연금계좌에서 연금형태로 받는 소득 중 분리과세되는 연금소득(연금소득 1,200만 원 이하)<br>IRP에 입금되어 과세이연된 퇴직금을 연금으로 수령하는 금액<br>연금계좌에서 의료목적, 천재지변 등 부득이한 사유로 인출하는 금액 | 공적연금: 국민연금, 공무원/군인연금<br>사적연금: 연금저축, 퇴직연금 |
| 퇴직소득 | | 퇴직금 100만 원 이하 | |
| 양도소득 | | 양도소득금액 100만 원 이하 | |

국가에서 의무적으로 가입하게 하는 연금이 있는데 이를 '공적연금'이라고 합니다. 가장 대표적으로 국민연금이 있으며 그 외에도 공무원연금, 사립학교교직원연금, 군인연금 등이 있습니다. 이렇게 공적연금으로 낸 금액는 한도 없이 전액 소득공제가 적용되는데 이를 '국민연금보험료공제'라고 합니다.

# 세액공제를 알면
# 절세가 보인다

'계산된 세액에서 또 한 번 빼주는 항목'을 세액공제라고 합니다. 대표적으로 자녀세액공제, 기장세액공제, 연금계좌세액공제, 외국납부세액공제 등이 있습니다.

소득공제는 공제 이후 세율이 곱해지므로 소득이 높을수록 감면 혜택이 커지게 되는 특징을 갖게 되며, 세액공제는 소득에 상관없이 해당하는 항목에 대해서는 동일하게 감면받게 됩니다.

**산출세액 - 세액공제 = 결정세액**

2019년 귀속분 소득세 신고부터 20세 이하 자녀 모두에게 적용하던 자녀세액공제를 8세 이상 자녀만으로 조정했습니다. 8세 미만은 한 명당 15만 원 이상의 공제를 받을 수 없다는 의미인데, 이

콘텐츠 크리에이터 창업 & 세금 신고 가이드북

는 2019년부터 시작된 아동수당 지급이 이뤄지고 있기 때문입니다. 이중 혜택을 방지하는 조치입니다.

자녀 (입양자 및 위탁아동을 포함)가 1명인 경우 15만 원, 2명인 경우 30만 원, 3명 이상이면 30만 원과 2명을 초과하는 1명당 30만 원을 합한 금액을 세액공제합니다.

아동수당으로 8세 미만은 자녀세액공제가 배제됐지만, 다자녀 공제액은 기존대로 우대가 유지됩니다. 예컨대 기본공제 대상인 8세 이상 자녀가 2명 이하이면 1명당 15만 원을 공제하고, 2명을 초과하는 셋째부터는 1명당 30만 원 공제하는 것입니다. 또 출산·입양한 자녀가 있는 경우 첫째는 30만 원, 둘째는 50만 원, 셋째 이상은 70만 원을 공제할 수 있습니다.


사업자가 장부에 기록하는 것을 기장 ( 記帳, Book keeping )이라고 합니다. 기록된 장부 자체를 기장이라고 부르기도 합니다.

기장은 기본적으로 '복식부기'라고 부르는 방식으로 해야 합니다. 차변과 대변이라는 구분을 통해 자산과 부채, 자본, 그리고 비용과 수익 등의 흐름을 총합계가 같도록 일치시켜서 정리해야 합니다. 단순히 현금이 들고 나는 것만 정리하는 가계부와 달리 회계지식도 필요합니다.

회계나 재무담당자가 따로 있는 기업이나 규모가 있는 개인사업자들은 복식부기로 장부를 쓰는 것도 가능하겠지만 영세 사업자들은 기장 자체가 어려워서 세금 신고를 할 수 없는 상황도 올 수 있습니다.

그래서 국세청은 소규모 사업자들에게 예외적으로 간편하게 장부를 써서 신고할 수 있도록 새로운 양식을 하나 만들었습니다. 바로 '간편장부'입니다.

간편장부는 매입과 매출거래를 거래처별로 일자순으로 정리하도록 양식이 정해져 있습니다. 복식부기보다 훨씬 간소화돼 있어서 편리하면서도 모든 거래를 건별로 다 기록하도록 하고 있어서 장부의 신뢰도 보장되는 장점이 있습니다.

간편장부대상은 업종별로 다른 기준으로 정하고 있습니다. 농업, 임업, 어업, 광업, 도소매업, 부동산매매업 등은 직전연도 수입금액 (매출) 3억 원 미만인 사업자만 간편장부로 기장을 해서 신고할 수 있습니다.

또 제조업, 숙박 · 음식업, 전기 · 가스 · 증기 · 수도사업, 건설업, 운수업, 출판 · 영상, 방송통신 및 정보서비스업, 금융보험업, 상품중개업 등은 수입금액 1억5000만 원 미만의 사업자들에게만 허용됩니다.

부동산임대업, 임대업, 전문 · 과학 · 기술서비스업, 사업시설관리·사업지원서비스업, 교육서비스업, 보건 및 사회복지사업, 예술·스포츠·여가관련 서비스업 등은 수입금액 7,500만 원 미만이면 간편장부로 신고할 수 있습니다.

반대로 위 수입금액 기준을 넘어서는 사업자들은 반드시 복식부기로 기장을 해야 하는 복식부기의무자로 구분됩니다. (변호사, 변리사, 법무사, 공인회계사, 세무사, 의사, 한의사, 수의사, 약사 등의 전문직 사업자는 수입금액 구분 없이 복식부기의무자가 됩니다.)

간편장부대상자가 복식부기로 장부를 쓰면 납부할 소득세의 20%(100만 원 한도)를 '기장세액공제'로 깎아줍니다. 하지만, 복식부기의무자가 간편장부로 기장을 하면 신고를 하지 않은 것으로 간주하고 무신고가산세(산출세액의 20%나 수입금액의 7/10,000 중 큰 금액)를 물립니다.

그리고 2023년부터는 연금저축와 개인형 퇴직연금 납입액의 일정 부분을 세액공제하는 '연금계좌세액공제' 혜택도 늘어났습니다. 연령 구분과 소득 구분 없이 모든 연령의 모든 사업자들이 연 900만 원을 납입 한도로 세액공제를 받을 수 있습니다. 다만, 세액공제율은 종합소득금액 4,000만 원 이하(12%)와 4,000만 원 초과 (15%)를 구분했습니다.

마지막으로 유튜버가 외국에서 소득을 얻은 후 국외 원천소득에 대해 이미 외국에 세금을 냈다면 세법에 따라 외국납부세액으로 인정해 일정액을 공제해줍니다. 이를 '외국납부세액공제'라고 합니다.

특히 미국 구글(Google)은 지난 2021년 6월부터 내국인 유튜버가 미국에 거주하는 시청자로부터 얻은 수입에 대해 사용료 소득으로 보고 미국에서 원천징수하고 있죠. 만약 유튜브 활동으로 미국에서 원천징수된 세금이 있다면 외국납부세액공제를 받을 수 있습니다.

공제를 받기 위해서는 종합소득세를 신고할 때 외국납부세액공제 신청서, 국가별 외국납부세액공제 명세서, 소득 종류별 외국납부세액 명세서를 작성 후 국세청에 제출하면 됩니다.

콘텐츠 크리에이터 창업 & 세금 신고 가이드북

# 프리랜서
# 절세법

# 크리에이터 활동으로
# 발생하는 소득은
# 사업소득이다

매년 5월은 지난해 발생한 소득을 확정 짓고 세액을 계산해 납부하는 종합소득세 신고 기간입니다. 세무대리인을 이용하는 개인사업자들과는 달리 3.3%를 제외하고 대가를 받는 프리랜서 인적용역 사업자들은 종합소득세가 무엇인지, 언제, 어떻게 신고해야 하는지, 신고하지 않아도 문제가 없는지 등을 꼭 알아야 합니다.

그럼 프리랜서 인적용역 사업자가 무엇인지, 내가 그 사업자에 해당하는지, 소득의 계산과 신고는 어떻게 이뤄지는지 살펴봅시다.

프리랜서란 개인이 물적 시설 없이 근로자를 고용하지 않고, 독립된 자격으로 용역을 공급하고 대가를 받는 경우 인적용역 사업자를 말합니다. 여기서 물적 시설이란 계속적 · 반복적으로 사업에만 이용되는 건축물 등 사업 설비(임차한 것 포함)를 뜻합니다. 이러한 사업자들은 별도로 사업자가 등록돼 있지 않아 제공한 용역의 대가에 대해 세금계산서 등 적격증빙을 발행할 수 없으므로, 역으로 용역을 제공받은 쪽에서 대가를 지급할 때 그 대가의 3.3%를 원천징수해 대신 납부하고 그 차액만을 프리랜서에게 지급하는 구조입니다.

반대로 생각하면 자신이 용역을 제공하고 그 대가를 받을 때 3.3%를 제한 96.7%만큼만을 지급 받았다면, 세법상 프리랜서일 가능성이 매우 큽니다.

더 정확하게 자신이 프리랜서인지 확인하려면 국세청 홈택스에서 매년 5월 종합소득세 신고 기간에 자신이 직전 1년간 벌어들인 소득을 조회해 보면 됩니다. 이때 프리랜서 사업소득 역시 조회 가능합니다. 위에서 설명한 프리랜서는 인적용역 사업자로 보기 때문에 당연하게도 '사업소득'으로 분류됩니다. 그렇기에 일반 개인사업자처럼 매년 5월 종합소득세 신고대상이 되는 것입니다.

세법에서는 프리랜서를 인적용역 사업자로 봅니다. 그러므로 소득 역시 사업소득으로 신고해야 합니다. 사업소득은 연간 총수입금액에서 필요경비를 차감한 후의 금액으로 계산하는데 프리랜서에게 총 수입금액은 3.3%를 제하기 전의 금액을 연 단위로 합산한 금액입니다. 그렇다면 계산해야 할 사업소득에서 총수입금액은 확정됐고, 필요경비만 확정된다면 사업소득을 계산할 수 있습니다. 세법에서는 필요경비를 크게 다음의 두 가지 방법으로 계산할 수 있습니다.

### 1. 장부 작성

프리랜서가 이익 창출을 위해 사업과 관련해 지출한 경비를 필요경비로 계산하는 방법입니다. 업무와 관련 미팅할 때 지출하는 비용이나 거래처의 한도 내 경조사비, 출장을 위한 교통비, 업무를 위한 사무용품비 등 실제 영위하는 사업과 직접 관련이 있는 비용들은 모두 필요경비로 처리할 수 있습니다. 다만 사적으로 발생한 식비나 주거비용 등 사업과 직접 관련이 없거나, 업무영역과 구분할 수 없는 경우에는 필요경비로 보기 힘듭니다. 또 필요경비로 처리하려면 세법상 적격증빙(세금계산서, 계산서, 현금영수증, 신용카드 매출전표 등)은 반드시 구비해야 합니다.

### 2. 추계 신고

실제 지출한 경비가 현저히 적거나 계산하기 힘든 사람은 국세청에서 업종코드별로 고시한 경비율만큼만을 필요경비로 인정받을 수 있습니다. 신규 사업자 여부나 직전 연도 수입금액, 대상 연도 수입금액에 따라 적용하는 경비율은 각기 다를 수 있지만, 적어도 그 경비율에 해당하는 금액들은 모두 필요경비로 인정받을 수 있습니다. 경비율은 홈택스에서 조회 가능합니다.

위의 두 방법 중 가장 유리한 쪽으로 선택해 신고할 수 있습니다. 다른 소득이 없다는 가정하에 계산된 사업소득 금액에서 인적공제 등의 각종 소득공제액을 차감해 과세표준을 계산하고, 계산된 과세표준에 세율을 곱해 산출된 세액에, 다시 표준 세액공제 등의 세액공제액을 차감해 결정세액을 산출하면 됩니다.

다만 결정세액이 확정됐다면 프리랜서 사업자는 기납부세액과 정산하는 과정을 거쳐야 합니다. 인적용역에 대해 건별로 3%씩 미리 세금을 납부해 왔습니다. 연간 최종적으로 떼인 3%의 금액과 결정세액(가산세 포함)을 비교해 전자가 크다면 그 차이만큼 환급 세액이 발생하고, 후자가 크다면 그 차이만큼 내야 할 세액이 발생하는 것입니다.

**세알못 – 프리랜서입니다. 종소세 꼭 신고해야 하나요?**

택스코디 - 프리랜서는 미리 떼였던 기납부세액 3%와 결정세액을 정산하는 과정을 거치게 됩니다. 이때 신고하지 않으면 환급 세액이 발생하더라도 환급 세액을 못 받게 되고, 납부세액이 발생하는 때는 추후 납부세액의 추징은 물론, 무신고가산세와 납부 지연에 따른 납부불성실가산세까지 추가로 부담해야 하므로 결국 신고하는 게 가장 유리한 선택입니다.

**세알못 - 장기적으로 봤을 때 사업자등록을 하는 것이 유리할까요?**

택스코디 - 가장 큰 차이점은 부가가치세 신고 여부입니다. 인적용역 사업자는 부가가치세법상 면세사업자로 분류되지만, 사업자등록을 하게 되면 업종에 따라 부가가치세 과세사업자로 분류될 수 있습니다. 사업자의 수입금액에 세금계산서 등의 적격증빙을 발행할 수 있게 되는 대신 부가가치세를 징수해야 하는 의무가 생길 수 있고, 내가 지출한 비용 중 공제대상 금액에 대해서는 매입세액 공제를 받을 수도 있습니다. 발생하는 수입금액이나 지출 금액 등을 종합적으로 검토해야 합니다.

# 사업소득과
# 기타소득을 구분하자

세알못 – 프리랜서입니다. 어떤 때는 사업소득, 또 다른 경우에는 기타소득으로 대가를 받고 있는데, 구분 기준이 무엇인가요?

택스코디 – 가령 A 씨가 학원원장의 지시에 따라서 일정한 시간에 출, 퇴근하며 지시된 강의를 하고 수입을 얻는다면, 이는 근로소득입니다. 근로소득만 있는 경우에는 연말정산을 통해서 종합소득세 신고, 납부의 의무는 종결됩니다.

그런데 학원과 협의해서 강의를 어떻게 할지, 수강료는 어떻게 나눌지를 결정하고 출퇴근 시간에 제약을 받지 않고 강의료를 받는 경우라면 사업소득입니다. 5월 종합소득세 신고, 납부를 해야 합니다. 만약 주업이 따로 있고 학원의 요청으로 비정기적으로 강의를 하고 강의료를 받는다면 기타소득입니다. 참고로 기타소득 금액이 300만 원 이하이면 분리과세가 됩니다. 기타소득은 대부분 일시적으로 발생하는 소득입니다. 대표적인 경우가 콘텐츠 크리에이터의 인세 수입, 강연료 수입 등이 해당합니다.

세알못 – 출간한 책의 정가가 10,000원, 인세는 정가의 10%, 5천 부가 팔렸습니다. 이때 세금 계산은 어떻게 하나요?

택스코디 – 먼저 인세수입금액부터 계산해 봅시다.

- 인세수입금액 = 정가 × 판매 부수 × 인세 = 10,000원 × 5,000부 × 10% = 500만 원

따라서 수입금액은 500만 원입니다.

- 소득금액 = 수입금액 – 필요경비

기타소득에 대해 세법은 근거 자료가 없어도 60%를 비용으로 인정해줍니다. 그러므로 수입금액 500만 원에 대한 필요경비는 300만 원이 되고, 소득금액은 200만 원이 됩니다.

기타소득에 대한 원천징수 세율은 22%입니다.

- 과세표준 X 세율 = 200만 원 × 22% = 440,000원

44만 원은 수입금액의 8.8%에 해당합니다. 편의상 수입금액의 8.8%를 기타소득의 원천징수세율로 봐도 무방합니다.

출판사는 세알못 씨의 인세수익을 정산 시 44만 원을 제외한 456만 원을 지급하면 됩니다.

세알못 씨 사례처럼 기타소득금액이 3백만 원 이하이면 납세자는 분리과세와 종합과세를 선택할 수가 있습니다. 그러나 3백만 원을 초과하면 종합소득세 신고를 별도로 해야 합니다.

참고로 기타소득으로 총 수입금액이 750만 원이 발생했으면, 필요경비는 750만 원 × 60% = 450만 원이 계산됩니다.

- 기타소득금액 = 수입금액 − 필요경비 = 750만 원 − 450
  만 원 = 300만 원

정리하면 기타소득에 의한 총 수입금액이 750만 원을 초과하면 종합소득세 신고를 별도로 해야 합니다.

# 단순경비율 기준금액을
# 정확히 알고 있자

세알못 - 단순경비율, 기준경비율은 무엇인가요?

택스코디 — 경비율은 이름처럼 경비로 인정하는 비율입니다. 한 해 동안 벌어들인 돈이 5,000만 원이라고 가정할 때 이것저것 지출하고 나면 나한테 남아있는 진짜 돈은 그보다 적기 마련입니다. 실제로 사업을 하는 데 사용된 교통비, 임차료, 인건비, 접대비, 재료비 등을 빼야 하기 때문입니다. 따라서 과세당국도 이런 사정을 알기 때문에 수입에서 사업을 경영하거나 운영하는 데 필요한 비용인 경비로 인정할 만한 부분은 인정하고 그 부분에 대해서는 세금을 물리지 않습니다. 즉, 경비율은 관련 증빙 없이도 업종별로 일괄적으로 인정해주는 경비라고 생각하면 됩니다.

경비율은 증빙 없이도 비용을 인정해주므로 당연히 경비로 인정해주는 비율이 높으면 높을수록 좋습니다. 하지만 무작정 모든 경비를 일괄적으로 인정해줄 수 없으므로 만든 게 바로 단순경비율과 기준경비율입니다.

보통 수입은 소득과 주요경비 그리고 기타경비를 모두 더한 걸 뜻합니다. 주요경비와 기타경비를 모두 인정하는 것이 단순경비율이고 기타경비만 인정하는 것이 기준경비율입니다. 기준경비율에서 주요경비를 인정받으려면 증빙이 필요합니다.

소득 (수입금액)이 많지 않다면 단순경비율을 적용하고 그렇지 않으면 기준경비율을 적용합니다. IT 개발자, 필라테스 및 요가 강사, 웹툰작가, 디자이너 등 대부분의 프리랜서 직종이 속해 있는 업종은 한해 수입 2,400만 원이 기준이 됩니다. 직전연도 동안 벌어들인 수입이 2,400만 원 미만이라면 단순경비율을 적용하고, 그 이상이면 기준경비율을 적용하는 것입니다. (단, 7,500만 원 이상이면 경비율을 이용한 추계신고는 할 수 없고 복식부기 방식의 기장신고를 해야 합니다.)

단순경비율 적용 시 소득금액은 다음과 같이 계산합니다.
- 소득금액 = 수입금액 – (수입금액 X 단순경비율)

콘텐츠 크리에이터 창업 & 세금 신고 가이드북

기준경비율은 좀 더 복잡합니다. 다음과 같습니다.

- 소득금액 = 수입금액 – 주요경비 (매입비용 + 임차료 + 인건비) – (수입금액 X 기준경비율)

이때 주요경비에는 매입비용과 임차료, 인건비가 속해있습니다. 아무래도 단순경비율과 비교해서 기준경비율이 소득을 더 많이 인정하는 만큼 세금 또한 더 책정되는 편입니다. 따라서 경비율을 어떻게 적용받는가에 따라 종합소득세 또한 크게 차이 납니다. 세금을 줄이고 싶다면, 내가 어떤 경비율을 적용받을 수 있는지 먼저 확인하는 게 우선입니다.

2020년 국세청에서 유튜버 세금 신고 업종코드를 발표했습니다. 당시 '1인 미디어 콘텐츠 창작자' 업종(업종코드 : 940306)과 '미디어 콘텐츠 창작업' 업종(업종코드 : 921505)을 함께 발표하는 바람에 이 두 개가 비슷한 선택 옵션 중 하나인 것으로 잘못 알려졌습니다. 이 두 가지 업종은 여러 가지 차이가 있는데, 다음 표와 같습니다.

| 구분 | 1인 미디어 콘텐츠 창작자 | 미디어 콘텐츠 창작업 |
| --- | --- | --- |
| 업종코드 | 940306 | 921505 |
| 사업자등록 필요 여부 | 불필요(종합소득세 신고 시 사업자등록 없이도 이 업종코드 입력하고 사업소득으로 신고하고 경비율 적용도 받을 수 있음 | 필수 |
| 업태 | 협회 및 단체, 수리 및 기타 개인서비스업 | 정보통신업 |
| 소득세법 시행령 제143조 제4항 제2호 가/나/다 목 분류 | 다 | 나 |
| 경비율(일반율) | 단순경비율: 64.1%<br>기준경비율: 13.4% | 단순경비율: 84.8%<br>기준경비율: 14.2% |
| 단순경비율 적용기준 매출(수익) 귀속연도에 사업을 시작한 경우 | 귀속연도(사업을 시작한 해)의 매출이 7,500만 원 미만일 것 | 귀속연도(사업을 시작한 해)의 매출이 1억 5,000만 원 미만일 것 |
| 단순경비율 적용기준 매출(수익) 사업을 계속해 온 경우 | 귀속연도의 직전연도 매출이 2,400만 원 미만일 것 | 귀속연도의 직전연도 매출이 3,600만 원 미만일 것 |

위 표를 보면 사업자등록을 하지 않고 '1인 미디어 콘텐츠 창작자'로 종합소득세 신고도 가능하지만, 수입이 늘어나 유튜버 활동을 계속한다면 단순경비율의 차이가 월등하고 단순경비율 기준 금액도 훨씬 높은 '미디어 콘텐츠 창작업'으로 사업자등록 후 유튜버 활동을 하는 게 유리합니다.

콘텐츠 크리에이터 창업 & 세금 신고 가이드북

# 모두채움신고서가 채워주지 않는 것들이 있다

종합소득세는 납세자가 스스로 신고하고 납부해야하는 세금입니다. 최근에는 행정서비스 차원에서 국세청이 모두채움신고서를 발송해주기도 합니다. 모두채움신고서는 신고서류가 거의 다 채워져 있기 때문에 납세자가 그대로 제출만 해도 신고가 끝납니다.

세알못 – 국세청이 자칫 실수하지는 않았을지 걱정되는 부분도 있습니다. 세금을 걷는 기관이다 보니 이대로 냈다가는 절세할 수 있는 기회를 놓치는 건 아닐까 하는 걱정도 되는 것이 사실이고요.

택스코디 – 5월 종합소득세 신고 안내를 받은 납세자 중 상당수가 모두채움신고서를 함께 받습니다. 간편장부대상자 중에서도 장부 없이 신고하는 경우 국세청이 정한 단순경비율을 적용받는 사업자들 (F, G 유형)과 주택임대사업자 중 분리과세를 선택한 사업자(V 유형) 등이 모두채움신고서를 받게 됩니다.

먼저 주택임대사업자의 경우 모두채움신고서를 받았더라도 수입금액 (매출)에 대한 확인이 꼭 필요합니다.

주택임대사업자는 부가가치세 면세사업이라서 사업장현황신고를 하게 돼 있습니다. 임대수익이 있는 경우 함께 신고하게 됩니다. 그런데 전세보증금을 간주임대료로 환산하지 않거나 임대수익 일부를 빠뜨릴 수 있습니다.

국세청은 사업자가 신고한 그대로 신고서를 채워주기 때문에 본인이 잘 못 신고한 것이 있다면 모두채움신고서 그대로 신고하지 말고, 따로 신고서를 작성해서 신고해야 합니다.

프리랜서와 같이 다른 사업자에게서 수입금액을 지급 받은 때에는 처음 일했던 곳에서 지급명세서를 수정하지 않았는지를 꼭 확인해봐야 합니다.

사업자가 프리랜서 등에게 사업소득 등을 지급하는 경우에는 지급명세서를 국세청에 신고하게 됩니다. 그 금액을 수정하는 경우가 종종 있습니다. 1,000만 원을 지급했는데, 2,000만 원을 지급한 것으로 잘 못 신고해서 나중에 지급명세서를 수정하는 것입니다.

문제는 뒤늦게 수정신고를 하게 되면, 국세청 전산에 반영이 되지 않아서 모두채움신고서에는 수정 이전의 금액이 적혀 있을 수 있습니다. 실제 수입금액과 지급명세서상의 금액이 달라지면 안 되므로 이 부분을 확인해야 합니다.

그리고 부양가족공제도 모두채움신고서에서 꼭 확인해야 할 부분입니다. 장부를 쓰지 않은 단순경비율 적용 사업자의 경우 국세청은 그 부양가족이 누구인지, 부양가족이 소득금액이 있는지 등에 대한 정보가 없으므로 1인 기준으로 공제를 적용합니다. 그래서 부양가족은 스스로 확인하고 추가해서 넣어줘야 합니다.

세알못 - 수정할 사항이 발견되면 어떻게 해야 하나요?

택스코디 - 수정할 사항이 있는 경우 신고하는 방법은 다음 경로를 따라가면 됩니다.

• 홈택스: 신고/납부 → 세금신고 → 종합소득세 → 모두채움 (정기신고)

- 모바일 앱 (손택스): 신고/납부 → 세금신고 → 종합소득세 → 모두채움 (정기신고)

종합소득세 신고안내 내용을 수정해 신고하는 경우, 개인 지방소득세도 신고해야 합니다. 홈택스 · 손택스에서 종합소득세 신고 완료 후 지방소득세 '신고이동'을 클릭하면 위택스로 자동 이동합니다.

참고로 간편장부대상인데 장부를 쓰지 않아 단순경비율로 모두채움신고서를 받은 경우, 생각보다 신고서상의 세금이 많다고 느껴질 수 있습니다. 실제로 국세청이 정해 놓은 단순경비율을 적용하는 것보다 경비를 훨씬 많이 쓴 경우가 있습니다.

예컨대 주택임대사업자인데 이자 비용만 수익의 80~90%로 지출된다면 단순경비율로 신고되는 경우 공제를 적게 받아 불리하게 됩니다.

간편장부 작성은 생각보다 어렵지 않습니다. 대출이자 납입 증명이나 계산서, 건강보험료 등등 비용을 떼서 정리하면 되기 때문입니다.

콘텐츠 크리에이터 창업 & 세금 신고 가이드북

# N잡러
# 종합소득세 신고법은?

세알못 - N잡러입니다. 근로소득 외 다른 소득이 있다면 어떻게 하나요?

택스코디 - 종합소득세 신고는 종합소득금액 전체에 대해 부과되는 만큼 콘텐츠 크리에이터로 활동해 얻은 소득 (프리랜서 인적용역 사업소득) 외에도 다른 사업소득이나 근로소득, 기타소득 등 종합소득금액 합산 대상 타 소득이 있을 때 모두 합산해 신고해야 합니다. 다만 타 소득의 종류와 금액에 따라 합산 여부가 달라지고 계산방법도 달라질 수 있는데, 신고 기간인 5월에 홈택스에서 종합소득세 신고 도움 서비스를 통해 안내받을 수 있습니다.

N잡러는 계속해서 늘고 있습니다. 직장을 다니면서 퇴근 이후 강연을 하거나 책을 쓰는 등 '전통적인 부업' 외 유튜브 활동, 배달 라이더 등 새로운 형태의 부업도 인기입니다. 부업을 통해 수입이 발생하면 5월 말까지 종합소득세를 신고해야 합니다. 제때 신고하지 않거나 제대로 따져보지 않고 신고했다가 불성실 신고로 가산세를 내야 할 수도 있습니다.

지난해 종합소득이 발생한 사람은 다음 해 5월 1일부터 5월 31일까지 (성실신고확인서 제출자는 6월 30일까지) 종합소득세를 신고·납부해야 합니다.

제때 신고하지 않으면 받는 불이익은 큽니다. 착오 등으로 인한 일반 무신고는 산출세액의 20%를, 전문직 사업자 등 복식부기의 무자는 산출세액의 20% 또는 수입금액의 0.07% 중 큰 금액으로 가산세가 부과됩니다. 허위증빙이나 허위문서 등을 작성한 부정한 행위를 할 때 가산세는 산출세액의 40%로 뜁니다.

'종합소득세와 전혀 무관한 직장인이다'라고 생각할 수 있지만, 예상외로 대상자가 되는 경우도 많습니다. 당장 월급(근로소득) 외 부업을 통해 얻은 기타소득금액이 연 300만 원(필요경비 제외 후)을 초과하면 종합소득세를 내야 합니다. 강연료, 책을 집필해

콘텐츠 크리에이터 창업 & 세금 신고 가이드북

받은 인세, 복권 당첨금 등도 대표적인 기타소득입니다.

또 금융소득(이자소득 및 배당소득) 합계액이 연 2,000만 원을 초과하거나 사적연금소득이 연 1,200만 원을 초과하면 종합소득 신고대상이 됩니다. 사업소득이 있거나 사업소득과 근로소득이 함께 있는 경우도 마찬가지입니다.

**세알못 – 그렇다면 납세자들이 유의해야 할 사항은 뭐가 있을까요?**

택스코디 – 기타소득으로 신고한 소득 중 일부가 사업소득으로 분류될 가능성을 잘 살펴야 합니다. 인세나 강연료 등은 주로 기타소득에 속하지만, 수입 규모가 일정 수준이 넘어가면 사업소득으로 분류해야 합니다. 한 종류의 부수입 액수가 연 3,000만 원이 넘어가면 사업소득으로 판단될 수 있다는 게 중론입니다. 일시적 수입이냐, 정기적 수입이냐 여부도 잘 따져 봐야 합니다. 매년 특정 시점에 정기적으로 책을 쓴다면 사업소득으로 신고해야 합니다. 근무하고 있는 회사에서 받더라도 사보 등에 기고하고 받은 원고료는 기타소득이 될 수 있습니다.

참고로 모든 직장인이 부업을 할 수 있는 것은 아닙니다. 대부분 기업에서는 근로계약서에 '겸업금지' 조항을 명시해두고 있습니다. 직장인이 겸업 (부업)으로 인해 회사 이익에 지장을 초래하는 일을 방지하기 위해서입니다. 부업으로 인해 본업에 지장을 초래하는 경우, 동종·유사 업종을 영위하는 회사에 이중 취업해 회사의 기밀 누설이 우려되는 경우, 기업의 명예나 신용을 훼손하는 경우 등은 '기업 내 징계 및 해고의 정당성'이 인정될 수 있으니 주의해야 합니다.

특히 공무원의 경우 N잡을 선택할 때 더 주의해야 합니다. 국가공무원법 제64조에 따르면 공무원은 공무 외에 영리를 목적으로 하는 업무에 종사하지 못하고 소속 기관장의 허가 없이 다른 직무를 겸할 수 없다고 돼 있기 때문입니다.

법적으로 문제가 되지 않는 부업이더라도 재직 중인 직장에 알리고 싶지 않다면, 월급 외 수익(부업 수익, 이자소득, 배당소득 등)이 총 2,000만 원을 넘지 않도록 해야 합니다. 해당 금액을 초과할 경우 소득월액 보험료가 추가로 부과돼, 연말정산 과정에서 회사가 다른 수입원이 있다는 사실을 유추할 수 있어서입니다.

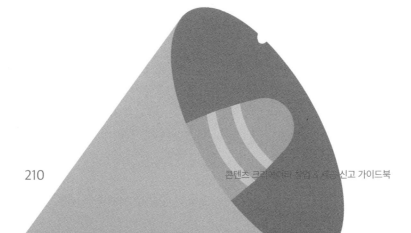

# 권말부록

# 공유숙박업 세금 신고

세알못 – 직장을 다니며, 에어비앤비를 통해 간간이 부수입을 올리고 있습니다. 세금신고는 어떻게 해야 하나요?

택스코디 – 빈방이나 빈집 등 여유 공간을 공유하는 방법으로 숙박업을 운영하는 공유숙박 사업자가 크게 늘었습니다. 에어비앤비와 같이 공유숙박 중개플랫폼이 활성화한 것도 이런 시장 형성에 영향을 미쳤죠.

공유숙박업은 기존의 숙박업과는 운영방식도 다르고, 그에 따른 세금신고 방식도 다릅니다. 국세청도 신종업종으로 구분해서 새로운 사업자 영역으로 관리하고 있죠.

공유숙박 사업자는 숙박할 수 있는 여유 공간을 여행객들에게 유상으로 제공하는 사업입니다. 주로 에어비앤비과 같은 온라인 중개플랫폼에 등록해서 사업을 합니다.

이용객들은 중개플랫폼에 결제하고, 호스트인 숙박업자는 나중에 돈만 수령하는 방식이죠. 에어비앤비와 같은 해외 플랫폼 사업자에게서 송금을 받는 경우, 당장 매출이 드러나지 않아서 과세 사각지대로 꼽히기도 했습니다. 최근에는 별도로 사업자등록을 하고 세무처리를 하도록 하고 있으니 주의해야 합니다.


부업으로 한두 번 빈방을 빌려준 것이 아니라 계속적이고, 반복적으로 숙박공간을 공유하고 수익이 발생한다면 반드시 사업자등록을 해야 합니다.

사업자등록을 위한 업종코드는 민박업(업종코드 551005)이 아닌 '숙박공유업'(업종코드 551007)으로 해야 합니다. 온라인 중개플랫폼에 등록해 공간을 공유 및 사용하게 하고 대가를 받는 사업자들이 모두 여기에 해당합니다.

참고로 숙박공유업 사업자등록을 위해서는 임대차계약서와 함께 관광사업등록증(도시지역)이나 농어촌민박업 신고필증(농어촌지역)도 필요합니다.


숙박공간의 공유를 통한 수익은 사업소득이 됩니다. 이자, 배당,

근로, 기타, 연금소득 등와 합산해서 5월에 종합소득세를 신고·납부해야 하죠.

직장을 다니면서 공유숙박업도 병행하고 있다면 근로소득과 숙박업 수익을 합산해서 종합소득세를 신고해야 합니다.

앞서 본 것처럼 사업자는 장부를 작성해야 하는 의무가 있습니다. 숙박공유업은 생활숙박 시설운영업에 해당해서 연매출(수입금액) 1억5,000만 원 미만이면 복식부기가 아닌 간편한 장부를 써도 되는 간편장부대상으로 구분됩니다.

간편장부라도 작성한 사업자는 총 수입금액에서 필요경비를 빼고 소득세를 계산하면 됩니다. 장부를 전혀 쓰지 않은 때에는 국세청이 정한 경비율만큼만 필요경비로 인정을 받을 수 있습니다.

경비율도 사업 규모에 따라 차이가 있습니다. 숙박공유업자는 전년도 매출이 3,600만 원에 못 미치고 또는 신규사업자인 경우 82.9%의 단순경비율을 적용하고, 그밖에는 20.4%의 기준경비율이 적용됩니다. 매출 규모에 따라 장부 작성의 필요에 대한 고민이 필요합니다. 다시 강조하지만, 단순경비율 적용대상 사업자는 종합소득세 계산도 쉽고, 세금 부담 역시 크지 않습니다. 따라서 수입금액이 3,600만 원을 넘지 않는 것이 중요합니다.

# SNS 마켓 세금 신고

블로그와 온라인카페, 페이스북, 인스타그램 등 각종 SNS (사회관계망서비스) 채널을 이용해 상거래를 하고 수익이 발생하는 사람들이 많습니다. 흔히 SNS 마켓 사업자라고 하죠.

SNS 마켓도 다양한 거래유형이 있습니다. 자신의 SNS 계정에 홍보성 게시물을 올리며 이에 대한 협찬, 원고료 등을 받거나 배너광고를 게재해 주고 광고료를 받는 경우가 대표적이죠.

이미 오프라인 사업장을 가진 사업자가 온라인 판매 채널로 SNS를 운영하는 때도 있습니다. 오프라인 사업장이 없더라도 자기 물품을 판매하거나 구매대행 등의 서비스를 제공하는 사업자도 있습니다. 또, 최근에는 제조업자나 도매업자의 의뢰를 받아서 SNS에 상품정보를 제공하고 수수료를 받는 사업자들도 늘고 있습니다.

책에서 계속 말하는 것처럼 SNS 마켓도 일회성이 아니라 반복적으로 활동을 하고 수익을 낼 계획이라면 사업자등록을 해야 합니다.

일반적으로 오픈마켓 등 온라인 상거래 사업자의 경우 통신판매업 중 전자상거래소매업으로 사업자등록을 합니다.

SNS 마켓 사업자는 별도로 SNS 마켓 (업종코드 52510)으로 업종구분이 따로 돼 있습니다. 2019년 9월부터 신설된 업종구분이죠. SNS를 이용해 물품판매, 구매, 알선, 중개 등을 통해 수익이 발생하는 사업자가 여기에 포함됩니다.

다시 강조하자면, 자신이 판매하는 물품이나 제공하는 서비스가 교육, 의료, 미가공 농수산물 등 부가가치세 면세대상이면 면세사업자로 등록해야 하고, 아니라면 과세사업자로 등록해야 합니다.

과세사업자 중 연매출 8,000만 원 미만이 예상되는 소규모 사업자라면 부가가치세 신고방법이 간편한 간이과세자로 등록할 수 있습니다.

또 전자상거래 등에서의 소비자보호에 관한 법률에 따라 온라인에서 상거래를 하는 사업자는 사업장 주소지 관할 지방자치단체(시·군·구청)에 통신판매업 신고를 반드시 해야 합니다.

SNS 마켓 판매자도 통신판매업자이기 때문에 영업을 시작하기 전에 시·군·구청에 통신판매업 신고를 해야 하죠.

통신판매업 신고는 민원24에서 공인인증서 등을 이용해서 쉽게 할 수 있습니다. 신고할 때에는 사업자등록증 사본 등이 필요합니다. 구체적으로는 상호와 주소, 전화번호, 대표자 성명, 주민등록번호, 사업자등록번호, 전자우편주소, 인터넷도메인 이름, 호스트 서버 소재지, 판매방식, 취급품목 등을 신고하게 되어있습니다. 이렇게 통신판매업으로 사업자등록도 하고, 지자체에 신고도 했다면 자신이 운영하는 SNS 마켓에 상호와 대표자 성명, 전화번호, 통신판매 신고번호 등을 표시해둬야 합니다.

SNS 마켓 운영자의 경우 판매대금을 현금 및 계좌이체 받는 경우가 많죠. 이때 현금영수증을 반드시 발행해야 합니다. 2021년 1월 1일부터 전자상거래업도 현금영수증 의무발행업종에 추가됐기 때문입니다.

이에 따라 SNS 마켓 사업자가 건당 10만 원 이상의 현금 거래를 한 경우 소비자가 발급을 요청하지 않더라도 현금영수증을 발행해야 합니다. 미발급 시에는 미발급액의 20%가 가산세로 부과됩니다.

또 10만 원 미만의 현금 거래에서도 소비자가 원하면 현금영수증을 발급해야 합니다. 이때에도 미발급액의 5%를 가산세로 부담해야 하며, 2회 이상 미발급사례에 대해서는 20%의 과태료도 부과될 수 있습니다.

현금영수증은 단말기가 없더라도 국세청 홈택스나 ARS 전화를 통해서도 쉽게 발급할 수 있습니다. 소비자가 원하지 않은 경우에도 국세청 지정번호(010-000-1234)로 무기명 발급이 가능합니다.

SNS 마켓 사업자의 수입은 사업소득으로 종합소득세 신고납부 대상입니다. 1년간 벌어들인 소득에 대해 다음 해 5월에 종합소득세 신고를 해야 합니다.

만약 근로소득이 있는 직장을 다니면서 SNS 마켓을 병행하는 경우에는 근로소득과 사업소득을 합산해서 5월에 종합소득세 신고를 하면 됩니다.

사업자는 모든 거래 사실을 장부에 기록하고 증빙 서류를 일정 기간 보관할 의무가 있습니다. 이제 막 SNS 마켓을 신규로 시작한 경우에는 장부 작성이 간단한 간편장부대상이고, 오래된 사업자도 직전연도 연 수입금액이 3억 원 미만이면 간편장부대상입니다.

간편장부로도 장부를 쓰지 않은 때에는 국세청이 정한 경비 인정비율로 비용을 처리하고 소득세를 계산해야 합니다. 이때에도 연매출이 일정 기준을 넘으면 낮은 비율(기준경비율), 일정 기준보다 적으면 높은 비율(단순경비율)로 경비처리를 해야 합니다.

참고로 SNS 마켓의 기준경비율은 5.9%로 단순경비율 86%(2022년 소득분 기준)로 차이가 큽니다. 규모가 있는 기준경비율 대상 사업자는 세무대리인을 통해 장부를 쓰고 경비를 제대로 인정받는 것이 유리할 수 있습니다.

# 웹툰작가 세금 신고

세알못 – 웹툰작가도 사업자등록을 해야 하나요?

택스코디 – 사업자등록 여부는 납세자의 선택에 맡겨져 있는 것은 아니고, 상황에 따라 판단해야 합니다. 웹툰작가는 대체로 프리랜서입니다. 프리랜서는 일반 사업자들처럼 수입에서 부가가치세를 내지 않습니다. 그래서 사업자등록도 하지 않죠.

다만 프리랜서가 어느 정도 규모가 커지는 경우 부가가치세를 내야 하는 상황이 오는데, 이때는 사업자등록을 해야 합니다. 하지 않으면 미등록기간 동안 매출의 1%를 가산세로 내게 됩니다.

세알못 – 규모가 커졌다는 기준은요?

택스코디 - 규모가 커졌다는 건, 3가지 측면에서 봐야 합니다. 우선 웹툰에 대한 저작권 수익, 그 밖의 수익을, 개인이 아닌 법인이 거두는 경우입니다.

먼저 작가가 법인을 세워 활동하게 되면 부가가치세가 부과되므로 사업자등록을 해야 합니다.

다음으로 개인이 일하더라도, 웹툰 작업을 위하여만 사용되는 스튜디오를 갖추는 경우입니다. 스튜디오가 자기 소유 부동산인지, 빌린 것인지는 중요하지 않고, 빌렸더라도 유상인지 무상인지도 중요하지 않습니다. 작업을 위한 전용공간을 갖추면 그때는 부가가치세가 부과됩니다. 단, 집에서 작업공간을 갖추는 경우는 괜찮습니다.

마지막으로, 개인이 근로자를 두는 경우입니다. 어시스턴트 작가를 고용해 함께 일하는 경우가 있습니다. 메인 작가로부터 업무내용, 업무장소, 업무시간의 제약을 받으며 종속된 지위에서 일하고 4대보험에 가입되는 경우, 어시스턴트 작가는 근로자가 됩니다. 이때는 부가가치세가 부과되므로 사업자등록을 해야 합니다.

세알못 - 식대비, 교통비 등도 비용처리가 가능한가요?

택스코디 - 웹툰 사업을 위해 지출된 비용으로 통상적인 것들은 모두 비용처리가 됩니다. 증빙 서류만 보관하고 있으면 국세청과 오해가 생기는 상황에도 금방 해결할 수 있습니다.

이때 증빙 서류란, 표준적으로는 세금계산서, 카드로 결제하는 경우 신용카드매출전표, 현금으로 결제하는 경우 현금영수증이 해당합니다. 간혹 상대방이 간이과세자이거나, 영수증만을 발행하는 업종일 때가 있습니다, 이 경우에도 신용카드매출전표나 현금영수증을 받을 수 있다면 문제가 없지만, 그것마저 안 되는 경우가 있습니다. 이때는 상대방이 발행하는 간이영수증이라도 잘 챙겨야 합니다.

반면 사업을 위해 사용했다고 보기 어려워 비용인정이 안 되는 것들도 있습니다. 주로 지적되는 것을 소개해보면, 반려동물을 위해 지출한 비용이나 자녀 교육비, 작가 개인의 미용을 위해 지출하는 네일샵, 태닝샵, 왁싱, 미용실, 성형외과 의료비, 영화나 공연 관람비, 낚시용품 구입, 해외여행 비행기값 등 취미 활동 비용(단, 웹툰 작업을 위해 필요할 때는 비용처리), 그리고 의복 구입, 반찬가게 등 그 밖의 개인적인 지출은 비용인정이 어렵습니다.

세알못 - 법인전환은 언제 고민해야 하나요?

택스코디 – 대부분 사업자는 개인으로 시작하며, 법인으로 전환하면 유리한 규모는 순수익 기준 약 1억 원 정도로 알려져 있습니다.

하지만 웹툰작가의 경우 다른 업종과는 달리 특별히 고려해야 할 점이 더 있습니다. 웹툰작가가 근로자와 작업실 없이 용역을 공급하는 경우, 저작권 수익이 발생하면 부가가치세가 면세된다고 했습니다. 하지만 법인이 웹툰 용역을 공급하거나 저작권 수익이 생기면 10%의 부가가치세가 추가 발생하게 됩니다. 그러므로 다른 업종과 비교해 법인전환에 불리한 요소가 강합니다.

법인을 세운다고 해도 웹툰작가의 저작권은 반드시 작가 개인의 것입니다. 저작물이란 인간의 사상 또는 감정을 표현한 창작물인데, 자연인만이 저작물을 창작할 수 있고, 법인은 사상 또는 감정을 표현할 수 없습니다.

그래서 개인이 법인에 저작권을 양도하거나 이용 허락하는 절차까지 고려해야 합니다. 이 과정에서 개인도 저작권 소득이 발생하게 되므로, 다른 업종과는 달리 소득을 법인이 전부 이전시킬 수 없습니다. 개인과 법인이 동시에 소득을 벌어들이게 되는 구조로 유지됩니다.

# 배달 라이더 세금 신고

대부분 자영업자는 장부를 쓰지만, 수입금액이 적은 N잡러 직장인들이나 배달 라이더는 장부를 쓰지 않는 경우가 많죠.

다시 말하지만, 장부를 전혀 쓰지 않아도 세금을 신고하고 낼 수 있습니다. 장부를 작성하는 사업자들은 기록을 바탕으로 세금을 내지만, 그렇지 않은 사업자들도 낼 수 있도록 국세청이 비용에 대한 기준을 정해놨기 때문입니다. 이 기준이 '경비율'입니다. 장부를 작성하지 않은 사업자들은 비용을 얼마나 썼는지 정확히 모르기 때문에 대략 추정해서 계산하는 겁니다.

국세청이 정하는 경비율은 크게 기준경비율과 단순경비율로 나눠서 적용합니다. 먼저 기준경비율은 매출에서 매입비용과 사업장 임차료, 직원 인건비 등 주요경비는 제외하고 남은 금액 중 일부분만 비용으로 인정합니다. 단순경비율은 말 그대로 단순하게 전체 매출 중 일정 비율만큼 비용으로 인정하는 방법입니다.

단순경비율을 적용하면 비용처리가 매우 단순할 뿐 아니라 내는 세금이 기준경비율을 적용했을 때보다 더 적습니다. 장부를 쓰지 않은 사업자 중에서 사업 규모가 큰 사업자는 기준경비율을, 규모가 작은 사업자는 단순경비율을 적용합니다.

세알못 - 미혼이며 독신인 배달 라이더입니다. 2022년 수입금액이 2,300만 원입니다. 단순경비율 적용 시 소득금액은 얼마인가요?

택스코디 - 다음과 같습니다.

단순경비율 적용 시, 소득금액= 수입금액 - (수입금액 x 단순경비율) = 2,300만 원 - (2,300만 원 × 79.4%) ≒ 474만 원

배달 라이더에게 적용되는 단순경비율 79.4%를 적용하면 소득금액은 약 474만 원입니다. 여기에 기본적인 소득공제로 인적공제 본인 1명(150만 원)을 적용하면 324만 원에 대해서만 세율이 적용됩니다. 세율 6%를 적용하면 총 내야 하는 세금은 약 20만 원입니다. 만약 지난 해 매달 세금 3.3%를 떼고 소득을 지급 받아

총 76만 원의 세금을 원천징수 했다면 올해 종합소득세 신고로 더 낸 세금(약 56만 원)을 돌려받을 수 있습니다.

참고로 경비율은 매년 조금씩 달라질 수 있습니다. 매년 4월 국세청이 고시하고 있습니다.

**<업종별 경비율 예시>**

| 업종명 | 기준경비율 | 단순경비율 |
|---|---|---|
| SNS 마켓 | 5.9% | 86% |
| 1인 미디어 콘텐츠 창작자 | 15.1% | 64.1% |
| 번역 및 통역 | 26.6% | 77.5% |
| 음료품 배달원 | 28.7% | 80% |
| 퀵서비스 배달원 | 27.4% | 79.4% |
| 학습지 방문강사 | 22% | 75% |

세알못 – 전업 배달 라이더로 일하고 있습니다. 올해 소득이 커져 내년 종소세 신고 때는 기준경비율 적용대상이 될 것 같습니다. 이렇게 계속 장부 작성을 안 해도 되나요?

택스코디 – 기준경비율을 적용하면 비용 처리되는 비율이 낮아 세금을 많이 낼 수 있습니다. 이럴 때는 장부를 작성해 일하면서 사용한 비용을 반영하는 것이 유리합니다.

세알못 - 배달 라이더로 2022년에 3,500만 원을 벌었습니다. 2023

년 종소세 신고할 때 단순경비율 적용되는 건가요?


택스코디 - 기준경비율 대상입니다. 단순경비율 적용기준이

2,400만 원 미만에서 3,600만 원 미만으로 상향된 것은 2023

년 소득부터 적용됩니다. 만약 2023년 소득이 3,500만 원이면

2024년 종합소득세 신고 시 단순경비율을 적용할 수 있습니다.